读古诗词谈辩证法

徐 力 著

中国书籍出版社

图书在版编目（ＣＩＰ）数据

读古诗词谈辩证法 / 徐力著 .－－ 北京：中国书籍出版社，2021.12

ISBN 978-7-5068-8860-8

Ⅰ．①读… Ⅱ．①徐… Ⅲ．①读书笔记－中国－现代 Ⅳ．① G792

中国版本图书馆 CIP 数据核字（2021）第 266812 号

读古诗词谈辩证法

徐力 著

责任编辑 / 庞　元
责任印制 / 孙马飞　马　芝
封面题字 / 徐　力
封面设计 / 刘　赟　徐　鑫
版式设计 / 高文萍
出版发行 / 中国书籍出版社
　　　　　地　　址 / 北京市丰台区三路居路 97 号（邮编：100073）
　　　　　电　　话 / (010)52257143（总编室）　(010)52257140（发行部）
　　　　　电子邮箱 / eo@chinabp.com.cn
经　　销 / 全国新华书店
印　　刷 / 青岛国彩印刷股份有限公司
开　　本 / 890 毫米 ×1240 毫米　1/32
印　　张 / 8.375
字　　数 / 165 千字
版　　次 / 2021 年 12 月第 1 版　2021 年 12 月第 1 次印刷
书　　号 / ISBN 978-7-5068-8860-8
定　　价 / 80.00 元

版权所有　翻印必究

目 录

一首闪现辩证思维之光的罕见诗篇..................1
　　——读屈原《天问》（节录）
人对客观世界的认识无止境..........................5
　　——读屈原《卜居》（节录）
盈缩之期　不但在天..................................7
　　——读曹操《龟虽寿》
天体无时不处在旋转运动中..........................9
　　——读张华《励志诗（其一）》
世界万物各有其特殊本质............................11
　　——读萧衍《逸民》（节录）
动静相映意境美......................................14
　　——读王籍《入若耶溪》
板荡识诚臣的观点是辩证的..........................16
　　——读李世民《赠萧瑀》
诗人笔下万物皆具动势..............................18
　　——读杜审言《和晋陵陆丞早春游望》
反映客观实际的见解才具真理性......................21
　　——读李峤《中秋月》
大运自盈缩..23
　　——读陈子昂《感遇三十八首（其三十八）》

1

《边词》体现边塞"特殊性" 25
　　——读张敬忠《边词》
人类认识是一步一步向前扩展的 27
　　——读王之涣《登鹳雀楼》
人事有代谢 29
　　——读孟浩然《与诸子登岘山》（节录）
以静显动的艺术辩证法 31
　　——读王维《鸟鸣涧》
万物兴歇皆自然 33
　　——读李白《日出入行》（节录）
旧事物中孕育新生事物 36
　　——读王湾《次北固山下》
评价作品不能离开作者所处历史条件 38
　　——读杜甫《戏为六绝句（其二）》
大自然运动规律的艺术投影 41
　　——读杜甫《登高》
射人先射马　擒贼先擒王 43
　　——读杜甫《前出塞九首（其六）》
写"山房春事"寓兴亡感叹 46
　　——读岑参《山房春事（其二）》
"八至"处处有辩证法 48
　　——读李冶《八至》

古代阴阳辩证法的艺术阐释 50
　　——读苏涣《变律》
外部条件能加速或延缓事物发展进程 52
　　——读张谓《早梅》
任何事物都有其内在的本质的联系 54
　　——读顾况《行路难（其一）》
天道有盈亏 56
　　——读孟云卿《感怀》（节录）
小诗贵在激发人们探索未知领域 58
　　——读李益《度破讷沙》
察治乱于隐微中 61
　　——读刘禹锡《西塞山怀古》
听唱新翻《杨柳枝》 64
　　——读刘禹锡《杨柳枝词》
透过现象　探求本质 66
　　——读刘禹锡《浪淘沙》
新陈代谢规律的艺术体现 68
　　——读刘禹锡《酬乐天扬州初逢席上见赠》
祸福相因的辩证法 70
　　——读刘禹锡《学阮公体三首（其一）》
兴废转化的辩证法 72
　　——读刘禹锡《汉寿城春望》

不利条件中包含有利因素 74
　　——读刘禹锡《乐天寄重和晚达冬青一篇，因成再答》
生老病死是不能违背的辩证规律 77
　　——读刘禹锡《乐天见示伤微之、敦诗、晦叔三君子，皆有深分，因成是诗以寄》
乌衣巷见证金陵人事沧桑 79
　　——读刘禹锡《乌衣巷》
《咏老见示》是辩证的 81
　　——读刘禹锡《酬乐天咏老见示》
富有生命力的事物是扼杀不了的 83
　　——读白居易《赋得古原草送别》
不以地位高低论贤愚的辩证观 85
　　——读白居易《涧底松》
把握事物本质才能不被假象迷惑 87
　　——读白居易《放言五首（其一）》
辨别真伪需要时间考验 89
　　——读白居易《放言五首（其三）》
音乐艺术辩证法 91
　　——读白居易《琵琶行》（节录）
大林寺桃花体现"特殊性" 95
　　——读白居易《大林寺桃花》
质变是量变累积到一定程度的暴发 97
　　——读元稹《蚁》

时空变化辩证法的诗性表现..99
  ——读李贺《梦天》（节录）

沧桑变化辩证法的艺术体现..101
  ——读李贺《古悠悠行》

火烧赤壁成功决定作用在内因..104
  ——读杜牧《赤壁》

家国兴亡自有时..107
  ——读罗隐《西施》

畏之途不生于所畏而生于易..109
  ——读杜荀鹤《泾溪》

旧有事物消逝时总会有新事物出现......................................111
  ——读晏殊《浣溪沙》

相马要领是得其精而忘其粗..113
  ——读欧阳修《长句送陆子履学士通判宿州》（节录）

防腐的辩证法..115
  ——读梅尧臣《彼鸳吟》（节录）

逸乐无度与祸双..118
  ——读王安石《金陵怀古四首（其一）》

人生有限宇宙无穷的辩证观..121
  ——读王安石《即事六首（其六）》

寻常和奇崛的艺术辩证法..123
  ——读王安石《题张司业诗》

物质世界一切都处在永不停息的运动中 125
　　——读王安石《九井》（节录）

除旧布新的颂歌 128
　　——读王安石《元日》

施政要讲辩证法 131
　　——读王安石《和吴御史汴渠》

因果联系写梅花 134
　　——读王安石《梅花》

前进的路径不是直线式 136
　　——读王安石《江上》

深思新故相除之理　排遣晚境兴废之愁 138
　　——读王安石《午枕》

世上事物都不是完美无缺的 141
　　——读苏轼《水调歌头·明月几时有》

观察事物立足点不同所得结论不同 143
　　——读苏轼《题西林壁》

有美必有恶　有芬必有臭 145
　　——读苏轼《颜乐亭诗》（节录）

以乐景写哀景的艺术辩证法 147
　　——读苏轼《江城子·乙卯正月二十日夜记梦》

命运要由自己掌控 150
　　——读苏轼《泗州僧伽寺塔》（节录）

认识论辩证法的萌芽..................153
　　——读苏轼《惠崇〈春江晚景〉》
实践真知入诗来（例一）..................156
　　——读苏轼《游博罗香积寺（并引）》
实践真知入诗来（例二）..................158
　　——读苏轼《次韵答赵德麟》《留题石经院》《再过超然台赠太守霍翔》
书法传承与创新的辩证法..................161
　　——读黄庭坚《跋杨凝式帖后》
春来春去不由人..................163
　　——读晏几道《南乡子·花落未须悲》
节物相催各自新..................165
　　——读秦观《三月晦日偶题》
宇宙间事物都不是孤立存在..................167
　　——读张元幹《甲戌正月十四日书所见，来日惊蛰节》
绝知此事要躬行..................169
　　——读陆游《冬夜读书示子聿》
柳暗花明的哲理美..................172
　　——读陆游《游山西村》
预作"前滩水石谋"的决策辩证法..................174
　　——读杨万里《下横山滩望金华山》
山行的辩证体悟..................177
　　——读杨万里《过松源晨炊漆公店》

世间事有果必有因 179
　　——读杨万里《晓过丹阳县》
质变不是无缘无故发生的 181
　　——读杨万里《岸沙》
新生事物需要及时发现和特别关照 183
　　——读杨万里《小池》
源头活水　常流常新 185
　　——读朱熹《观书有感（其一）》
秋水见毛发　千尺定无鱼 187
　　——读辛弃疾《水调歌头·送太守王秉》
直悟月轮绕地之理 189
　　——读辛弃疾《木兰花慢·中秋饮酒》
古今陵谷茫茫　市朝往往耕桑 191
　　——读辛弃疾《清平乐·题上卢桥》
由此及彼知山雨 193
　　——读翁卷《山雨》
古梅百年花事迟　原在相对岁寒时 195
　　——读戴复古《得古梅两枝》
任何事物内部都包含两点 197
　　——读戴复古《寄兴》（节录）
向上的美好的事物是禁锢不了的 199
　　——读叶绍翁《游园不值》

梅雪争春的辩证启示..................................201
　　——读卢梅坡《雪梅（二首）》
死而不朽的辩证观....................................204
　　——读文天祥《过零丁洋》
女儿浦歌闪耀着辩证法光辉............................207
　　——读揭傒斯《女儿浦歌》
新事物在同旧事物斗争中开辟前进道路..................209
　　——读刘因《探春》
世界是个万古常青的过程..............................211
　　——读邱云霄《残花》
繁与简的艺术辩证法..................................213
　　——读李东阳《柯敬仲墨竹二绝》
古朴辩证法的艺术体现................................215
　　——读吴伟业《一舸》
留将根蒂在　岁岁有东风..............................217
　　——读翁格《暮春》
在一定条件下不利条件会引发好的结果..................219
　　——读郑燮《题竹》
《题画竹》蕴含丰富的艺术辩证法......................221
　　——读郑板桥《题画竹》
水乡种植的辩证法....................................223
　　——读阮元《吴兴杂诗》

书法辩证法一例 225
  ——读铁保《草书歌》（节录）
"寒尽春生"预示社会大变革的到来 230
  ——读张维屏《新雷》

附录一 232
 刘禹锡民歌体研究资料摘录
附录二 236
 从苏轼智慧小诗谈起
附录三 241
 从画兰画竹到创新板桥体
附录四 245
 科学实验是科学理论的重要来源
附录五 249
 人民英雄 永垂不朽——纪念刘胡兰烈士就义十五周年

后　记 251

一首闪现辩证思维之光的罕见诗篇
——读屈原《天问》（节录）

曰：遂古之初，谁传道之？上下未形，何由考之？
　　冥昭瞢闇，谁能极之？冯翼惟像，何以识之？
　　明明闇闇，惟时何为？阴阳三合，何本何化？
　　圜则九重，孰营度之？惟兹何功，孰初作之？
　　斡维焉系？天极焉加？八柱何当？东南何亏？
　　九天之际，安放安属？隅隈多有，谁知其数？
　　天何所沓？十二焉分？日月安属？列星安陈？
　　出自汤谷，次于蒙汜。自明及晦，所行几里？
　　夜光何德，死则又育？厥利维何，而顾菟在腹？
　　女岐无合，夫焉取九子？伯强何处？惠气安在？
　　何阖而晦？何开而明？角宿未旦，曜灵安藏？

　　屈原（约前 340～约前 278），战国时楚国人，伟大的爱国主义诗人。作品主要有《离骚》《天问》《九歌》《九章》等。
　　《天问》是屈原运用问话体诗歌形式写成的内涵精深、闪耀着奇光异彩的哲理诗。本文节录《天问》中的第一部分。这部分是诗人就宇宙起源、阴阳变化、天体结构和日月运行等方面提出的二十六问，表现出强烈的探索精神，折射出朴素唯物主义和朴素辩证法之光。

　　《天问》开篇，就宇宙起源这一重要的哲学问题，针对当时流行的创世说和种种迷信说教，大胆发问和质疑：远古初年的事，是谁传说了下来？天地尚未形成，根据什么来考定？一片混沌冥昧，有谁能究其根由？元气无形无象，如何加以辨识？白日黑夜交替，时间是何等之事？阴阳交互作用，什么是本根什么又是衍生？（译文参照李山《楚辞译注》，中华书局2015年版，第83页）屈原的一连串发问既抨击了"创世说""天命论"，又包含了对宇宙本源的探索。"明明闇闇，惟时何为？阴阳三合，何本何化？"在这里，屈原依据宇宙中运动着的无形大气和黑暗中生出光明、昼夜交替往来的自然现象，清晰地说明宇宙万物的生长变化是阴阳二气这两个对立物渗合统一的结果。屈原在一定程度上认识到宇宙的本原就是运动着的物质的气，并在《天问》诗后半部分进一步提出"天式纵横，阳离爰死"，把阴阳离合、消长变化看成人类不可抵抗的自然法则，这无疑是一个光辉的辩证法命题。

　　一千年后的唐朝哲学家柳宗元对屈原的这一"问"深解其意，在《天对》中对曰："曶（hū）黑晣（zhé）眇，往来屯屯，厖（máng）昧革化，惟元气存，而何为焉！合焉者三，一以统同。吁炎吹冷，交错而动。"在这里，柳宗元继承和发展了屈原的思想，明确提出宇宙间存在着一种原始的、运动着的物质元气，元气包含着阴阳二气，阴阳二气作为元气内部矛盾着的两个方面，交互作用而形成了天地万物的发生和发展。更值得重视的是，柳宗元从答屈原问中，开始意识到天是没有中心和边际的，整个宇宙是无限的。

《天问》之问，从"遂古之初"事转向天地结构。屈原从探讨天体运行规律出发，针对在理论上已暴露出诸多漏洞的"盖天论"，提出了一系列颇具深度的问题：天到底谁创造的？天与地是在何处会合？天是放在什么上面？十二等分又是何以划分的？那高空中的太阳、月亮和星星究竟何所系属，它们为什么不会掉下来？太阳一天的行程究竟走多少里，月缺了何以又圆？天还未明时，太阳又在哪里躲藏？这些问句，在很大程度上反映了战国时期天文学、力学和哲学的发展，处处闪耀着诗性、理性之光。人们从中可以看出屈原探索天体运行轨迹的强烈愿望和他所具有的朴素的辩证宇宙观。从日出日落、月圆月缺、昼夜交替以及星辰有序排列的自然现象中，屈原猜测到整个宇宙是处在永不停息的运动中，并坚持宇宙运动是有规律可循的。或许智慧过人的屈原已开始意识到，人类对宇宙的起源和天体的运动如没有清醒的认识，那是无法破除"天命论"和"创世说"的。而屈原怎么也不会想到的是历史进入科学高度发展的二十一世纪，形形色色的现代形而上学宇宙观流行于西方学术界。那些受唯心主义哲学思想支配的天文学还在煞费苦心地为上帝创造世界寻找理论依据。"他们用'宇宙膨胀论'

代替原来的'宇宙有限论',把现今天文学观察到的无限宇宙中一个有限部分的事实,推论到整个宇宙,得出所谓宇宙在膨胀。既然膨胀,就有一个膨胀的起点,结果必然导致宇宙在时间上有了开端。"(《钱学森讲谈录——哲学、科学、艺术》,九州出版社2014年版,228页)

  屈原以赋体形式表达出的哲学思想是深邃的,从《天问》到《离骚》《九歌》《九章》等诗篇中,都蕴含了极为丰富的、自发的辩证法,诸如美与丑、善与恶、真与伪、忠与奸、正与邪、清与浊、芳与臭,这样一些对立统一元素,都以独特的方式渗透于优美而又悲壮的诗句中,更有"天式纵横""一阴含一阳""参验以考实"等诸多哲学命题的提出。恩格斯说过:"人们远在知道什么是辩证法以前,就已经辩证地思考了。"(《马克思恩格斯全集》第20卷,第155页)两千多年前的屈原无疑就是这样一位伟大的先哲,他的诗作像一束明亮的星光划破漫漫夜空,闪曜在世界的东方。

人对客观世界的认识无止境

——读屈原《卜居》（节录）

尺有所短，寸有所长。
物有所不足，智有所不明。

　　《卜居》是一首长篇叙事诗，写作时间是诗人强谏遭斥、忠而被贬、流放汉北期间。此时的诗人处在报国无门的境地，一种难名的痛苦折磨着他。这首诗就是在这一背景下问世的。

　　本文节录的这四句诗简洁明了，蕴含着丰富的古朴辩证法元素。"尺有所短，寸有所长"，这是以尺寸为例阐述事物的相对性。尺与寸比是长的，但用于更长处，尺也显得短了。寸与尺比起来是短的，但用于更短处，却又显得长了。这两句启示人们：对人对事都要坚持辩证的观点，防止片面性。要学会学人之长，补己之短，长处再多的人，也必有所短。以己之长比人之短，人是不会有进步的。诗的后两句"物有所不足，智有所不明"，这是讲任何事物都具有不足的方面，再聪明的人，也有认识不清、考虑不周的地方。这两句启示人们：人对客观事物的认识是无穷尽的。只有持之以恒地去探索，才能一步步接近对客观事物规律性的认识。"智有所不明"，蕴含深意，是《卜居》诗表达的主旨。

　　《卜居》诗讲述的这一道理，在先秦典籍中多有记载，诸如《诗经·小雅·鹤鸣》中的"他山之石，可以攻玉"；《论衡·事解》中的"人有所优，固有所劣；人有所工，固有所拙"；《吕氏春秋·用众》中的"物固莫不有长，莫不有短，人亦然。故善学者，假人之长以补其短"。从哲学原理上看，古人这些诗文从一个侧面体现了矛盾的普遍性。世界上任何事物都是由矛盾构成的，矛盾着的双方又是互相包含的。

　　这首长篇叙事诗《卜居》，其作者尚无定说。东汉王逸《楚辞章句》认为，《卜居》为屈原本人作品，而近代学者多以为非。郭沫若认为"可能是深知屈原生活和思想的楚人作品"（《屈原赋》今译）。尽管学界对诗作者有争议，但对此诗所具有的艺术和历史价值是肯定的，以上四句诗中折射出的哲理之光也是不会熄灭的。

盈缩之期　　不但在天

——读曹操《龟虽寿》

神龟虽寿，犹有竟时。
腾蛇乘雾，终为土灰。
老骥伏枥，志在千里。
烈士暮年，壮心不已。
盈缩之期，不但在天；
养怡之福，可得永年。
幸甚至哉，歌以咏志。

　　曹操（155～220），字孟德，沛国谯县（今安徽亳州）人。东汉末年政治家、军事家、诗人。这是曹操以乐府古题写的抒怀诗，通篇洋溢着激人奋进的豪情，闪耀着辩证哲理的光辉。

　　诗的前四句，以神龟、腾蛇为喻，阐述对生老病死的看法。"神龟虽寿，犹有竟时。腾蛇乘雾，终为土灰"，诗人认为，世界上万物都是有盛有衰、有生有灭的，没有哪种事物是永恒的，神龟寿命够长的了，腾蛇的本领够大的了，但最后都要归于灭亡，人也是如此。没有长生不老的人，也没有长生不死之理。生、老、病、死是不能违背的客观规律，曹操的生死观是唯物的、辩证的。

诗的九至十二句，诗人明确提出人要掌握自己命运的观点。"盈缩之期，不但在天；养怡之福，可得永年"，诗人认为万物兴衰生死有期，但人在自然规律面前又不是无能为力的，人的寿命长短并不完全受天支配，通过主观的努力，调养有道，磨炼意志，又是可以延年益寿的。"在这里，天道与人道，有限与无限，客观规律与主观能动作用，都得到对立统一的解释。"（龚国基《毛泽东与中国古代诗人的心灵对话》，中央文献出版社2013年12月版，第41页）

基于朴素唯物论辩证法认识，诗人吟出"老骥伏枥，志在千里。烈士暮年，壮心不已"的千古流传的名句。这四句诗，充分表达了诗人生命不息、奋斗不止的壮志豪情，也道出了一条哲理：人们如能始终保持进取精神，壮志不减，对延长寿命是有着极大益处的。诗人劝告人们不要因时间的流逝而悲叹，不因暮年而消沉，要始终保持放达乐观的精神，应像驰骋千里的老马，老当益壮，老有所为，无论在任何时候、任何情况下，在精神上都不要败下阵来。

我国著名科学家钱学森曾说过，"我认为文学艺术有一个最高台阶，那就是表述哲理的，陈述世界观的"。（钱学森《我看文艺学》）这首《步出夏门行·龟虽寿》，在很大程度上体现了曹操这位政治家、军事家的人生观。诗人就是踏着《步出夏门行·龟虽寿》的节拍，走完自己奋斗的一生。

天体无时不处在旋转运动中
——读张华《励志诗（其一）》

太仪斡运，天回地游。
四气鳞次，寒暑环周。
星火既夕，忽焉素秋。
凉风振落，熠耀宵流。

张华（232～300），字茂先。范阳方城（今河北固安）人。西晋著名文学家。出身寒微，少时以放牧为生。好文史，博览群书。晋文帝时，官至司空。编纂有中国第一部博物学著作《博物志》，文集今传《张司空集》。

《励志诗》四言九章，本篇选组诗的第一首。大意是：茫茫宇宙中，天体在不停地旋转运行着，大地也处在不停地回旋、转动中。四季依次更替，寒暑循环往返，周而复始，未有穷极。当火星出现在西北方向，秋季很快来到，树叶纷纷落下。夜幕降临，可见萤火虫荧光闪闪。

这首《励志诗》，更像是诗化的哲学论文。诗人巧妙地将中国古典哲学中一些古朴辩证法元素融入诗中，极大地深化了对宇宙运动规律的探索和认识。

"太仪斡运，天回地游"，诗人认为天体的运动与大地的运动是紧密相连的。"斡运""回游"极其形象地说明天体、大地是旋转运动的。诗人猜想到地球不仅是动的，而且是圆的。这一猜想是深刻的，也是后来科学实验所证明的。

"四气鳞次，寒暑环周"，这两句承接前两句，着重讲四季的变化，诗人认为四季的更替变化是与"天回地游"直接相关的。"鳞次""环周"极其形象地说明四季的更替是依据大自然的法则而运行的。两词内含深意，耐人寻味。

前四句诗体现了诗人对宇宙运动的深度思考。后四句回到主题——励志。诗人通过对秋天景物的描写，讲述大自然变化是迅速的，时间易逝，"忽焉素秋"，应借助荧光抓紧读书。

《励志诗》中的科学道理受到毛泽东的重视。1964年8月24日，毛泽东与周培源、于光远谈哲学问题，在讲到地动说时，毛泽东说："宋朝辛弃疾写的一首词里说，当月亮从我们这里落下去的时候，它照亮着别的地方。晋朝的张华在他的一首诗里也写到'太仪斡运，天回地游'。"（参见龚育之等著《毛泽东的读书生活》，中央文献出版社2003年版，第8页）毛泽东认为，这些诗词里包含着地动的意思。

《励志诗》写于一千七百年前，当时的诗中就有地动地圆的看法。诗人有如此深度的辩证思维，不能不令人惊叹！

世界万物各有其特殊本质

——读萧衍《逸民》（节录）

> 如垄生木，木有异心。
> 如林鸣鸟，鸟有殊音。
> 如江游鱼，鱼有浮沉。
> 岩岩山高，湛湛水深。
> 事迹易见，理相难寻。

萧衍（464～569），字叔达，南朝梁武帝，南兰陵（今江苏常州）人。善诗赋，谙音律。长篇咏怀诗《逸民》是萧衍诗歌的代表作，本文摘录其中一段，可独立成篇。

诗的大意是：生长在同一高丘上的树木，每种树木中心纹理、质地是不相同的。同一个树林中的鸟，每种鸟的鸣叫声是很不一样的。在同一条江中游动的鱼，有的浮在浅处，有的沉在江的底层。像巍巍高山那样峻峭，像沉沉江水那样深广。事物的表象是容易看清楚的，而它的本相却是难以发现的。

萧衍写这首诗原意是表达对贤才的渴望之情。本文仅就节录部分解读。此诗值得重视的地方，在于前六句所描述的自然景物，它能启迪人们对矛盾的共性和个性，也即一般和个别关系的思考。同垄之"木"系指共性，"木"有"异心"系指"木"的特殊性，即个性；同林鸣的"鸟"系指共性，"鸟"有"殊音"系指"鸟"的特殊性，即个性；同江游的"鱼"，系指共性，"鱼"有"浮沉"系指"鱼"的特殊性，即个性。延伸解读，以一般属性（共性）而言，"木"这一共性的上一层是植物，"鱼"这一共性的上一层是动物，动植物的共性更上一层是生物……从特殊属性（个性）而言，现在世界上已知的林木60000余种，现存的鸟类有9000余种，已知的鱼类有36000余种，它们都具有自己的特色和习性。认清事物的个性，重视事物的特殊性，是这首诗给人们的最具哲学意义的启示。

共性和个性，一般和个别，作为哲学上一个重要问题，早在春秋战国时期就引起学界的关注。以论辩而惊世的公孙龙，偏偏离开白马是马的常理，而提出了"白马非马"的"白马论"。"白马论"的错误显然是割裂了共性和个性的联系，抹杀了白马作为马的一般的共性，走向了诡辩。但这一诡辩论的提出，又倒逼人们以辩证的思维思考共性与个性、一般和个别的关系，揭示了一般与个别的哲理，把人们的认识提升到一个新的层次。

唯物辩证法认为，一般和个别、普遍和特殊的关系是一种既矛盾又统一的关系。世界上的事物都是互相联系的，同类事物包含有共同的本质，即共性（一般），一事物内部又具有特殊的矛盾，这种特殊矛盾就是一事物区别于他事物的特殊本质，即特殊性（个性）。一般只是若干个别事物的共同本质，而个别要比一般丰富得多。"任何个别经过千万次的转化与另一类的个别（事物、现象、过程）相联系。"（参见列宁《哲学笔记》，人民出版社1956年版，第363页）正是这种个别和一般的互相联系又互相转化，形成了世界物质的普遍性联系和发展的辩证运动。

动静相映意境美

——读王籍《入若耶溪》

　　艅艎何泛泛，空水共悠悠。
　　阴霞生远岫，阳景逐回流。
　　蝉噪林逾静，鸟鸣山更幽。
　　此地动归念，长年悲倦游。

　　王籍（？～547），字文海，琅琊临沂（今山东临沂）人。南朝梁诗人。今仅存诗两首。

　　在这首诗中，作者巧妙地运用了动与静的辩证关系，以动写静，以静写动，寓静于动，动中显静，从而创造出一种动静相映相衬的优美意境。

　　"阴霞生远岫，阳景逐回流"，这是以极细腻的手法，以静写动，以静衬动。动不是显著的，而是微妙的，是静中之动，或曰静动。远处的山峦是相对静止的，从山峦中"生"出的云霞飘动于山涧，山峦在飘动的云霞中忽隐忽现，变化万千，山峦与彩云相映相衬，显示出一种动态的美。近处，投射到溪水的日影，是处于相对静态的，溪水流动，波光跳跃，"逐"着溪流，回旋曲折前行，呈现出的是一种柔和的静动美。

"蝉噪林逾静，鸟鸣山更幽"，是以动写静，以动衬静。蝉和鸟的听觉是十分灵敏的，又极具分辨能力。它们一听到山林中有异常声音就会迅速躲藏起来，反之山林愈是宁静，它们愈是会扯着嗓子鸣叫，喧闹不止。蝉噪鸟鸣是一种连锁反应，当山林的一处鸟叫或蝉噪，整个山林就会百鸟争鸣、树树蝉噪。百鸟争鸣的时候就是山林最静谧的时候，任何一种异常的杂音都会打破这静谧的世界。

客观世界是辩证的。动与静，在人类生活和自然界中，是常见的现象。诗人正是从对大自然长期细腻的观察中悟到动与静的内在联系。从哲学上讲，动中有静或静中有动，是客观事物的本来属性。毛泽东曾指出："世界上就是这样一个辩证法，又动又不动，净是不动没有，净是动也没有。动是绝对的，静是暂时的，有条件的。"（《毛泽东选集》第五卷，人民出版社1977年版，第313页）动与静是相互对应的，又是相辅相成、辩证统一的。事物间的这种动静关系，现在已被人们作为艺术辩证法广泛用于诗词、绘画、雕塑、建筑、影视等艺术创作中，往往产生出独特的、出乎意料的效果。

板荡识诚臣的观点是辩证的

——读李世民《赠萧瑀》

疾风知劲草,板荡识诚臣。
勇夫安识义,智者必怀仁。

李世民(599～649),即唐太宗。在文学上,他也有一定的造诣,写了一些诗歌。这首《赠萧瑀》诗,是吸收浓缩了前人的"疾风知劲草"、《诗经》中的《板》《荡》两首诗和鲍照《代出自蓟北门行》等诗歌精华而写成的。

李世民是站在帝王的立场来写这首诗的,但从哲学的角度看,诗中蕴含了一些辩证法因素。"疾风知劲草,板荡识诚臣",诗的前一句是以自然现象为比喻,强调认识事物品质的重要性,诗的后一句明确阐述用人之道。诗人认为,不同品质的草,不同品格的臣,只有在客观条件发生急剧变化的情况下,本质才能显现出来。在剧烈的暴风中,可见有的草挺拔不偃,而有些则倒伏不起;在政局变乱、社会急剧动荡时,才能识别出忠贞不贰的臣子。不同品质的草,不同品格的臣,在一定条件下才会产生强烈的对比。诗的后两句"勇夫安知义,智者必怀仁",

从勇、智、义的辩证关系上,强调识人重在内在品质,意在完善萧瑀的忠臣形象。

今天,人们从这首诗得到这样的启迪:对人要得到全面的、本质的认识,一定要在艰苦的磨炼和复杂斗争中去考验他。愈在危机严峻的关头,愈能看出一个人的品质和节操;愈是在恶劣的环境中,愈能体现出一个人的坚强意志。正如郭沫若《满江红》词中所言,"沧海横流,方显出英雄本色"。

诗人笔下万物皆具动势

——读杜审言《和晋陵陆丞早春游望》

独有宦游人，偏惊物候新。
云霞出海曙，梅柳渡江春。
淑气催黄鸟，晴光转绿蘋。
忽闻歌古调，归思欲沾巾。

杜审言（约645～约708），字必简，襄州襄阳（今湖北襄阳）人。唐代"近体诗"奠基人之一，"诗圣"杜甫的祖父。这首小诗在艺术表现手法上，妥帖地运用了动与静的辩证法，诗人紧紧抓住江南初春至仲春物候转换的特点，对原本不易察觉的物候迁移的景象，化静为动，尽情描绘。诗人笔下的江南大地，春意盎然，万物皆具动势。

"云霞出海曙"，这里"出"字用得很传神，有新生出之意。云霞出现预示着太阳即将升起，太阳跃出海面，周边云霞承之，从而形成云霞出海曙的壮丽景观。"梅柳渡江春"，江南春江水暖要比江北中原一带早二十多天，江南梅柳都争先恐后地渡江北上，传递暖暖春意。"淑气催黄鸟"，此句化用西晋陆机《悲哉行》中"蕙草绕淑气，时鸟多好音"两句，形容黄莺在淑气的催动下喧闹不止的景象。黄莺的欢跳歌唱又为仲春增添了音乐的律动感。"晴光转绿蘋"，苏轼有诗曰"燕舞莺啼春日长"，初春到仲春，日照时间一日长于一日，浮萍的颜色也由浅嫩转向深绿。这个"转"字形象地体现了绿萍生长期发生的渐变（部分质变）的过程。

杜审言写的这首小诗，描述客观景物的变化运用化静为动的表现手法，突现事物的动势，是符合艺术发展规律的。从哲学上讲，任何事物的运动都呈现出相对静止状态和显著变动状态。事物运动的两种状态，必然反映到文学艺术中来，有不少艺术高超的诗人注重事物的动态美，自觉不自觉地描写事物的形势，即以表观对象的动势作为诗歌创作意境的手段。诸如李白的"群峰如逐鹿，奔走相驰突"（《梅冈望金陵赠族侄高座寺僧中孚》）；"两岸青山相对出，孤帆一片日边来"（《望天门山》）；"山随平野尽，江入大荒流"（《渡荆门送别》）；孟浩然的"气蒸云梦泽，波撼岳阳城"（《望洞庭湖赠张丞相》）；杜甫的"星垂平野阔，月涌大江流"（《旅夜书怀》）。这都是化静为动的佳句。南宋词人辛弃疾更是化静为动的高手，如《沁园春·灵山齐庵赋时筑偃湖未成》中的"叠嶂西驰，万马回旋，众山欲东"，《菩萨蛮·金陵赏心亭为叶丞相赋》中的"青山欲共高人语，联翩万马来无数"等句，在词人的笔下，那静静的青山都成了有生命之物，奔腾起来了。

  动与静既是生活辩证法在艺术中的反映,在艺术创作中作为一种表现手段,如能按照描述对象恰当运用,无论是化静为动,还是化动为静,都会极大地增强艺术感染力和艺术生命力。

反映客观实际的见解才具真理性

——读李峤《中秋月》

圆魄上寒空，皆言四海同。
安知千里外，不有雨兼风。

李峤（644～713），字巨山，赵州赞皇（今属河北）人。唐代诗人，官至中书令。这首五言绝句，借咏中秋月，提出了一个颇具哲理意味的问题，清晰体现了诗人所具有的辩证思维。

诗的开篇两句，是描述中秋月色和众人赏月的情景，而诗人要提出的论点就已暗含于这两句中。诗中讲的众人"皆言"，是不包括诗人在内的，这里讲的"四海同"，又正是诗人持异议的。这两句为后面的议论埋下了伏笔。

诗的后两句"安知千里外，不有雨兼风"，诗人以诘语出之，表明自己的见解。他认为，人们在此时此地看到明月当空，怎知道彼时彼地不是风雨交加？此时此地人们登高赏月，怎知彼时彼地没有人正风雨兼程？诗人的这一认识也是符合自然科学的，各地地理环境不同，其气候也是不同的。

这首小诗给人们的哲学启示是深刻的。其一，世界上的事物都是千差万别、千变万化的，这就要求人们看待任何问题都应坚持全面的、客观的、辩证的观点，只有深入实际，周密调查，进行综合分析，才能认识事物本质特征，避免片面性和以偏概全。其二，人类对客观事物的认识有个不断深化的过程。一种认识的正确与否并不取决于持这种认识人数的多寡，四海皆言为"是"的未必就是正确无疑的。认识论辩证法认为，一种意见只要是真理，迟早会得到公认。但是，这需要一个过程。在一定的条件下，多数人的意见是比较客观的，但是无论怎样，一种观点是不是真理，不能以认同的人数多少作为衡量的标准。（参见艾思奇主编《辩证唯物主义历史唯物主义》，人民出版社1978年版，第179页）有些新发现的真理往往不能很快得到社会上多数人的认同，这在世界科学史上是不乏其例的。

这首《中秋月》构思奇特，独抒新意，在仅有二十字的五言绝句篇幅中，竟运用设问答辩结构来引发读者对物理、哲理的探索和思考，足见诗人辩证逻辑之严谨，立意之精深。

大运自盈缩

——读陈子昂《感遇三十八首（其三十八）》

仲尼探元化，幽鸿顺阳和。

大运自盈缩，春秋迭来过。

陈子昂（659～700），字伯玉，梓州射洪（今四川射洪）人。是唐代诗歌革新的先驱，官至右拾遗。今存诗百余首。

《感遇》诗三十八首是陈子昂借诗歌形式集中阐发对宇宙人生的哲学思考。这里节选《感遇》组诗的最后一首。

诗的开篇两句"仲尼探元化，幽鸿顺阳和"，诗人认为孔子也是重视探索宇宙变化的。他通过长期观察，发现大雁的迁徙是顺应了季节转换的规律。阳春时，大雁从南方飞向遥远的西北方，入秋后又从西北方往南飞。诗的三、四两句"大运自盈缩，春秋迭来过"，诗人明确提出，宇宙的运动，大自然的变化，是有自己的规律的。"大运自盈缩"可视为《感遇》诗三十八首的内核，它充分体现出诗人所具有的宏深的宇宙意识和辩证法思想。大运，是指天体的运转；自，指自有的运动规律；盈缩，指运动的形态：进退、屈伸、膨胀与收缩。这句诗形象描绘了一幅天体运行的图景。

　　陈子昂虽无哲学论著，但留下了哲理诗一百余首，这些哲理诗又集中于对宇宙运行、朝代更替和生命哲学的深沉思考。著名的《登幽州台歌》与《感遇》一样，志于拓展生命意识，虽形制短小，但内涵深沉，气势恢宏，穿越古今，跨越时空，充分表达了一个有远大抱负的人在无穷天地与个体生命短促的矛盾冲突中，对人生价值的苦苦追求。

《边词》体现边塞"特殊性"

——读张敬忠《边词》

五原春色归来迟,二月垂杨未挂丝。
即今河畔冰开日,正是长安花落时。

张敬忠(生卒年不详),京兆(今陕西西安)人。他既是初唐诗人,也是一名军人,曾任监察御史。《全唐诗》录存其诗仅两首。这首《边词》写于707年,他在边塞军中任职期间。诗人通过描述边塞春色和内地长安春色,形象说明了事物的特殊性、差异性。同在春天这一季节,由于受所处纬度、地理环境和气候条件的制约,两地呈现的春的景象相差很大。五原一带冰河刚刚解冻,垂杨尚未挂丝,而长安城里的春花已过盛开之时,开始凋落了。

从哲学的角度解读,这首小诗体现了事物的普遍性和特殊性的关系。九州大地之春由鲜花繁盛到暮春凋落这是普遍性;内地已到暮春,边塞才见"河畔冰开",这是塞北的特殊性。诗人描写边塞风物突出边地春迟的特殊性,使这首小诗具有了启人哲思的辩证内涵。

唯物辩证法认为，矛盾的普遍性和特殊性是紧密连结的。任何事物都是具体的存在，普遍性的东西都是存在于具体事物中。世界上事物千差万别，各有其特性，这都在于各事物内部矛盾的特殊性。认识事物矛盾的特殊性是科学认识事物的基础和前提。毛泽东在《矛盾论》中说："如果不认识矛盾的普遍性，就无从发现事物运动发展的普遍的原因或普遍的根据；但是，如果不研究矛盾的特殊性，就无从确定一事物不同于它事物的特殊的本质，就无从发现事物运动发展的特殊的原因，或特殊的根据，也就无从辨别事物，无从区分科学研究的领域。"（《毛泽东选集》第一卷，人民出版社1951年版，第297页）他一再提醒，我们必须时刻记得列宁的话：对于具体的事物作具体的分析。具体地分析具体的事物的矛盾的特殊性，这是马克思主义活的灵魂。

人类认识是一步一步向前扩展的
——读王之涣《登鹳雀楼》

> 白日依山尽，黄河入海流。
> 欲穷千里目，更上一层楼。

王之涣（688～742），晋阳（今山西太原）人。唐代诗人，其诗以描写边疆风光著称。

这首五言绝句，用语朴实，立意深远。诗情与哲理高度融合，艺术地体现了登高望远的辩证法。

诗的前两句"白日依山尽，黄河入海流"，紧扣登高望远的主题，巧妙地运用虚实并举、删繁就简的艺术辩证法，舍弃近景，摄取远景，既描绘了大河上下雄浑壮丽的景象，又营造出一种苍茫旷远的艺术境界。正是"依山尽""入海流"这些带有宇宙无限、运动永恒色彩的意象，激发出诗人探求意中景、景外景的强烈愿望和对美好前景的憧憬。站在鹳雀楼上的诗人一直目送落日依山尽，目送黄河远去，直至流向自己想象中的入海口，这是用形象思维营造出的深邃哲理意境。

诗的后两句"欲穷千里目，更上一层楼"，是诗人登高体验的凝结与升华，已不是一般意义的登山、登楼体验，而是经过由特殊到普遍、由具体到抽象的富有诗意升华后的登高哲理，这就是：只有站得高，才能看得远，立足点愈高，视野愈宽。诗中"欲穷千里"与"更上一层"两组词连用，极具启发性，读者由此可联想到人类对客观世界认识是无穷尽的，也是无限美好的。登高望远，需要一个一个台阶攀登，一步一步地向前拓展。

千百年来，王之涣这首《登鹳雀楼》广泛流传，几近家喻户晓。诗的后两句常被引用，其哲理内涵也不断得以延伸，成为激励人们向着更高的目标勇敢探索、奋发向上、不懈攀登的精神力量。

人事有代谢

——读孟浩然《与诸子登岘山》（节录）

人事有代谢，往来成古今。
江山留胜迹，我辈复登临。

孟浩然（689～740），襄州襄阳（今湖北襄樊）人，唐代著名的山水田园派诗人。应进士不第，一生处于求官与归隐的矛盾中，是唐代一位不甘隐沦却以隐沦终老的诗人。有《孟浩然集》三卷传世。

《与诸子登岘山》，是诗人和他的几个儿子一起登临岘山所作的一首吊古伤今诗。诗中体现出作者深沉的历史意识和人生哲学思考。

"人事有代谢，往来成古今"，这是一条高度浓缩又极其朴实的哲理。大至朝廷更替，小至家族兴衰，人间世事总是不停地更替变化，人们的生老病死也总是处在不断的代谢中。一代人去了，一代人又接上了。寒来暑往，春去秋来，物换星移，时光不停地流逝着。昨天的现在，已成今天的历史，今天的现实必将成为明天的历史。诗人的这些思考和认识，是辩证的。

马克思主义辩证法认为，世界上根本没有什么永恒的东西。整个世界是一个川流不息、万古常青的发展过程。在这个过程中，旧的事物不断消亡，新的事物不断出现，反复地进行着新陈代谢。任何事物完成它的历史使命之后，最终必然消亡，而为新的事物所代替。（参见艾思奇主编《辩证唯物主义历史唯物主义》，人民出版社1978年版，第125页）

以静显动的艺术辩证法

——读王维《鸟鸣涧》

人闲桂花落,夜静春山空。
月出惊山鸟,时鸣春涧中。

王维(701～761),字摩诘,号摩诘居士,蒲州(今山西永济)人。唐朝山水诗人。兼通音乐,工书画,有《王右丞集》。

《鸟鸣涧》一诗,是王维《皇甫岳云溪杂题五首》中的第一首。在这首诗中,诗人运用以静显动、动静相衬的手法,描绘了山涧春夜宁静幽美的景致,体现了丰富的艺术辩证法。

"人闲桂花落,夜静春山空",动点在"花落"。在无风的夜晚,知花落,只能凭听觉,而花落声又极其细微,只有内心闲静的人才能察觉到,花落的"动"又反衬出春山的异常静谧。"月出惊山鸟,时鸣春涧中",这其中的"出"和"惊"两字极具"动"的色彩。月亮一旦从浓云中钻出,其光束射向地面,就会立刻"惊"动睡眠中的鸟,月光时不时从乌云游动的间隙射出,山涧中的鸟也会相对应地发出一阵阵鸣叫,鸟鸣声又衬出了春天山涧的幽静。

在这首小诗中，诗人巧妙地运用"人闲""夜静""山空"来写静，用"花落""月出""时鸣"来写动，正是在这动与静的对立统一中，呈现了一种浑然天成的优美意境。

以动显静，静中含动，是王维晚年诗歌的一大特点。像《鸟鸣涧》一类诗作是不乏其例的。诸如《鹿柴》诗："空山不见人，但闻人语响。返景入深林，复照青苔上。"诗人竟能捕捉到深山绿苔上倏忽即逝的几丝淡淡光照，体现空山的静寂。这真是景亦奇，诗亦奇。又如《汉江临泛》诗："江流天地外，山色有无中。郡邑浮前浦，波澜动远空。"诗人巧妙地运用泛舟江中视物出现的动静错觉，写出"波澜动远空"的诗句，其意境可谓妙绝。《山居秋暝》诗更是以动写静的代表作，诗人用"明月松间照，清泉石上流"的静景，衬托"竹喧归浣女，莲动下渔舟"的动景，动景、静景相互映照，既是一幅纯朴秀美的山乡水墨画，又是一支颂扬农家生活的抒情乐曲。这四句诗有音，有韵，可吟可唱。

王维晚年归隐山林，诗歌创作远离现实，早期那种书写"大漠孤烟直，长河落日圆"的雄伟气质消退，某些诗中透露出消极思想因素；而就诗歌艺术而言，晚期创作的诗中大都充满了艺术辩证法，尤其山水诗形成了自己独特的艺术风格。

万物兴歇皆自然

——读李白《日出入行》（节录）

草不谢荣于春风，木不怨落于秋天。
谁挥鞭策驱四运？万物兴歇皆自然。

李白（701～762），字太白，号青莲居士，唐代著名诗人。有《李太白集》。

这首《日出入行》是一首古风，汉乐中有《日出入》篇，《日出入行》对《日出入》篇是反其意而用之。对宇宙的探索，对生死的思考，这不仅仅是哲学家的事，也往往成为古典诗词探讨的主题。李白这首古风就是这类古典诗词中的代表作，可说是一篇诗化的哲学论文。全诗二十句，其内容从太阳运行、草木荣枯这些日常现象，到中国古典哲学中的元气学。这里节录的四句（全诗附后）是全篇题旨，清晰易解，可独立成章。

这四句诗鲜明体现了诗人的世界观。他认为，季节的更换，草木的繁荣和凋落，万物的兴盛与消歇，这都是自然界在按照自己固有规律运行着，荣时则荣，落时则落，荣也不谢，落也不怨，根本不存在什么"神"的主宰。"谁挥鞭策驱四运"，四时的运转是大自然内在推动力，难道有谁在挥着鞭赶吗？这一问句直击要害。"万物兴歇皆自然"，回答十分肯定，不容置疑。客观事物总是按照自身辩证规律向前发展，与"神"是不相干的。

"谁挥鞭策驱四运？万物兴歇皆自然"，诗人的这一观点闪耀着朴素唯物论和辩证法思想的光辉。古希腊哲学家赫拉克利特有段名言讲得精彩绝妙，他说："这个世界对一切存在物都是同一的。它不是任何神所创造的，也不是任何人所创造的。它过去、现在和未来永远是一团永恒的活火，在一定的分寸上燃烧，在一定的分寸上熄灭。"（《古希腊罗马哲学》，三联书店1957年版，第23页）李白的这首诗与赫拉克利特的这一名言其意是相通的。

生活在盛唐时期的李白，在哲学思想上受到先秦诸子百家的深刻影响，只是未见他有哲学论著传世。这首《日出入行》，应是李白哲学思想诗化表达的代表作。诗人对四时运行的描述，清晰地说明他认为大自然是按自己固有的规律有序运动的。这也就是我们今天所讲的，世界是辩证的。

附：

日出入行

李 白

日出东方隈，似从地底来。

历天又复入西海，六龙所舍安在哉？

其始与终古不息，

人非元气，安得与之久徘徊？

草不谢荣于春风，木不怨落于秋天。

谁挥鞭策驱四运？万物兴歇皆自然。

羲和，羲和！

汝奚汩没于荒淫之波？

鲁阳何德，驻景挥戈？

逆道违天，矫诬实多。

吾将囊括大块，浩然与溟涬同科！

旧事物中孕育新生事物

——读王湾《次北固山下》

客路青山外，行舟绿水前。
潮平两岸阔，风正一帆悬。
海日生残夜，江春入旧年。
乡书何处达？归雁洛阳边。

王湾（生卒年不详），洛阳（今属河南）人。唐代诗人，今存诗十首。

这首诗意境清新，深寓哲理。"海日生残夜，江春入旧年"两句，艺术体现了新陈代谢这一事物发展的辩证规律。

诗人写这首诗或许本无意言理，但在描述时令变化的景象中，却着意将"日"与"春"作为新生事物的象征，使"生"字和"入"字拟人化，并赋予无穷的新生力量。"残夜"是昼夜转换的时间点，在这里是黎明前黑暗的象征；"旧年"到"江春"是冬春转换的时间点，在这里，强调"江春"来临前寒冬的严酷性。这些富有大自然变化色彩的意象，带给人们哲理性的暗示和启迪。

"海日生残夜",意谓海日从残夜中生出,形象说明在旧事物的母体中就已孕育了新事物。"江春入旧年",意谓寒冬未尽,丝丝春意已生发,说明旧事物还未退去,新生事物已开始萌动。新生的事物取代旧的事物,是事物内部矛盾斗争转化的结果。生于残夜,就意味着要冲破黎明前的黑暗;闯入旧年,就意味着驱赶寒冬。在新旧交替的斗争中,显示出新生事物是有着强大生命力的,是任何力量都无法抗拒的。

"潮平两岸阔,风正一帆悬",新生事物有着广阔的发展前途和光明的未来,如同江中快速行驶的船舶,必将乘风破浪,驶向远方。这就是《次北固山下》一诗所营造的哲理意境。

评价作品不能离开作者所处历史条件
——读杜甫《戏为六绝句（其二）》

> 杨王卢骆当时体，轻薄为文哂未休。
> 尔曹身与名俱灭，不废江河万古流。

杜甫（712～770），字子美，巩县（今属河南）人。唐代著名诗人，被称为"诗圣"。今存有《杜少陵集》。这首《戏为六绝句》，是我国诗歌理论遗产中最早出现的论诗绝句，这里选录的是其中的第二首。

文学评论，离不开作者所处的特定的历史环境和历史条件。"初唐四杰"王勃、杨炯、卢照邻和骆宾王所处的时代，正是中国文学由六朝绮丽浮靡的文风向盛唐恢宏之音大转变的时期。"四杰"的诗文受时代的局限，虽未能完全摆脱六朝浮艳诗风的影响，但他们在创作的内容上已突破了六朝和初唐宫体诗的窠臼，转向广阔的现实生活，在格律形式上做了许多有益的探索，给唐诗带来了新鲜的内容和刚劲活泼的气息，为后来唐诗的繁荣奠定了基础。然而，他们的成绩，却遭到后来一些浅薄文人的攻击和嗤笑。

杜甫就是在这样一种背景下，写下了这首论诗绝句，对"初唐四杰"的作品给予高度评价，对蓄意抹煞"四杰"作品的浅薄文人做了严正的批判。其见解精深、独到，透着严谨的辩证思维，具有极强的说服力。

"杨王卢骆当时体，轻薄为文哂未休"，句中着重点出"当时体"，是颇有深意的。其意是说，唐初四杰"当时体"虽有不足，那也是时代使然。应当看主流，看主要方面，看到正是"四杰"的"当时体"，在唐诗走向繁荣时期起到了承前启后的作用，声律风骨兼备的唐诗也正是由"四杰""当时体"开始形成的，"四杰"的创作与盛唐诗歌是紧密联系、不可分割的。杜甫明确指出，今人不能以自己时代的"当时体"去一味地苛责前人所处时代的"当时体"，更不能不加分析地、轻率地一概否定。这就是现在史学界讲的一个观点，割断历史，否认联系，不加分析，全盘否定前人，必然导致历史虚无主义。

"尔曹身与名俱灭，不废江河万古流"，杜甫从历史发展的高度，肯定"四杰"作品在文学史上的地位。他坚定地认为，"四杰"在推动唐朝诗歌健康发展中的功绩，是任何人也抹煞不了的。那些蓄意抹煞"四杰"功绩的轻薄文人，只会是身名俱灭，而"四杰"的诗名和作品将如同江河，万古流芳。

中国文学发展史证明杜甫的见解是辩证的，正确的。毛泽东在读《初唐四杰集》时有段批语，称赞杜甫对"四杰"的评价。批语中写道："杜甫说'杨王卢骆当时体……不废江河万古流'，是说得对的。为文尚骈，但是初唐王勃等人独创的新骈、活骈，同六朝的旧骈、死骈，相差十万八千里，他是七世纪的人物，千余年来，多数文人都是拥护初唐四杰的，反对的只有少数。"（参见《毛泽东读文史古籍批语集》，中央文献出版社1993年版）毛泽东的这段批语深刻而准确地揭示出杜甫这首诗的辩证内涵。

大自然运动规律的艺术投影

——读杜甫《登高》

风急天高猿啸哀,渚清沙白鸟飞回。
无边落木萧萧下,不尽长江滚滚来。
万里悲秋常作客,百年多病独登台。
艰难苦恨繁霜鬓,潦倒新停浊酒杯。

唐大历二年(767)重阳节,杜甫登夔州白帝城临江远眺,引发"万里悲秋""不尽长江"之叹。天高风急,猿啸声声,水清沙白的河洲上,鸟儿盘旋徘徊。茫无边际的树木,木叶飘落,一片萧瑟景象。望不尽的长江水,波翻浪涌,滚滚而来。面对悲凉的秋色,想自己常年客居他乡,拖着年迈多病的身体,今又独自一人登上这高台。历经艰难苦恨,两鬓已是霜白,在这潦倒之时,又不得不放下浇愁的酒杯。

这是一首很能代表杜甫诗风格的七言律诗。诗中最精彩,也是最值得称誉的,是诗人运用高超的艺术和凝练的语言写出的"无边落木萧萧下,不尽长江滚滚来"。这两句诗不仅充分体现了杜甫诗大气盘旋、沉郁苍凉的气势,而且极其形象地反映了事物运动的辩证法。

"无边落木"与"不尽长江"由远而近，相对映出，即把人们引向对宇宙奥秘的探索。高耸的林木中败叶"萧萧下"，与奔腾不息的江水"滚滚来"，交相呼应，相互辉映，展现在人们面前的是大自然新陈代谢、生生不息的壮阔景象。"萧萧下"和"滚滚来"在听觉中形成的意象，又使人隐隐感悟到一种客观事物运动的力量，这种力量是撼人心魄的，是不可抗拒的。现在当人们吟诵"不尽长江滚滚来"这句诗时，又会联想到古希腊哲学家赫拉克利特的名言"万物皆流，无物常住"，联想到中国古代孔子的临川之叹，"子在川上曰：逝者如斯夫，不舍昼夜"（《论语·子罕》）。在这里，古代哲学家和诗人都在用不同的表现形式自发地阐释着宇宙运动的辩证法：世间的一切都在流动，一切都在不断变化和发展，一切都处在不断地产生和消失中。

《登高》一诗，融壮阔的景观、深沉的哲思、浓烈的情感和浑厚的气韵于一体，成为杜甫诗压卷之作，诗中的"无边落木萧萧下，不尽长江滚滚来"两句更是脍炙人口，传诵不衰。

射人先射马　擒贼先擒王
——读杜甫《前出塞九首（其六）》

> 挽弓当挽强，用箭当用长。
> 射人先射马，擒贼先擒王。
> 杀人亦有限，列国自有疆。
> 苟能制侵陵，岂在多杀伤。

唐朝天宝末年，杜甫先后写《前出塞》九首和《后出塞》五首，其诗意在谏讽唐玄宗穷兵黩武。在此摘录《前出塞》中的第六首。此诗立意高深，富含哲理，体现出军事辩证法。

诗的前四句"挽弓当挽强，用箭当用长。射人先射马，擒贼先擒王"，这是写作战应掌握的要领。对入侵之敌，要用精良的武器，即强弓、利箭，更要训练出能挽强弓、射长箭的士兵。两军对垒，首先是射马擒"王"，敌阵无首，必将大乱，破敌的机会也就出现了。"射人先射马，擒贼先擒王"，这是古代人对作战经验的总结，也是当时军中流传的作战歌诀，诗人将其吸收入诗，体现出一种蕴含辩证法的战术思想。

诗的后四句，"杀人亦有限，列国自有疆。苟能制侵陵，岂在多杀伤"，这是讲强兵力、制侵凌的道理，诗人认为，列国各有自己的疆界，国与国之间有一条红线是不能相互侵犯的。练兵用武，加强战备，为的是守卫边疆，制止外来侵犯，决不可自恃武装力量强大而穷兵黩武。这种"以战去战，安边守疆"的观点是辩证的，带有战略性的。

这首诗的前面四句，启发人们处理问题要抓住关键，抓主要环节。从哲学上讲，就是要善于抓主要矛盾和矛盾的主要方面。毛泽东在《矛盾论》中说："在复杂事物的发展过程中，有许多的矛盾存在，其中必有一种是主要的矛盾，由于它的存在和发展，规定或影响着其他矛盾的存在和发展。"（《毛泽东选集》第一卷，人民出版社1991年版，第320页）客观要求我们必须十分注意抓住和解决主要矛盾，由此带动其他矛盾的解决，使矛盾向着有利的方面转化。1946年6月，决定中国人民命运的解放战争拉开序幕，"毛泽东娴熟地运用了主要矛盾和矛盾主要方面的观点，从敌我双方优劣条件的实际情况出发，正确分析了敌我双方的客观物质条件和力量对比，把歼灭敌人数量作为克敌制胜的基本依据，紧紧把握住大量歼灭敌人的有生力量这个战争的主要问题，抓住了克敌制胜的主要环节和关键，以高超的战争艺术牢牢地掌控战争内在规律和主动权，形成了'集中优势兵力打歼灭战'的作战思路，明确提出了解放战争战略防御阶段'以歼灭国民党有生力量为主而不是以保守地方为主'的战略方针。人民军队丢掉坛坛罐罐，不在乎一城一地的得失，大踏步地后退，诱敌深入"。（王伟光主编《照辩证法办事》，人民出版社、中国社会科学出版社2014年版，第95页）在一年的时间里，总兵力127万人的人民军队就粉碎了总兵力约430万人的国民党军队的战略进攻，成为中外战争史上一个以少胜多的辉煌战例。

写"山房春事"寓兴亡感叹

——读岑参《山房春事(其二)》

梁园日暮乱飞鸦,极目萧条三两家。
庭树不知人去尽,春来还发旧时花。

岑参(715～770),南阳(今属河南)人。唐代著名边塞诗人,官至嘉州刺史。现存诗四百余首,有《岑嘉州集》。

《山房春事》第二首,写于唐玄宗开元二十九年(741)春。大意是,晚照中的梁园,乱飞的乌鸦发出一片聒噪声,放眼望去,只有零落的三两户人家。庭院里的奇木异树不知人去楼空,一年一度的春天来到了,依然像往年那样开出艳丽的鲜花。

这是一首吊古之作。梁园,即现在讲的别墅一类建筑,是西汉梁孝王所建,到唐代还是繁荣之地,每到春天,游人如织。历经"安史之乱",遭到严重破坏,原有的亭台楼阁不见了,到处一派萧条破败景象,这就是诗的前两句所描述的"梁园日暮乱飞鸦,极目萧条三两家",也是诗人对梁园今昔发出的兴废变化之叹。诗的后两句,诗人运用反衬手法突现出吊古主题。在描述梁园花树中,无意道出了梁园花木开放是遵循了自然规律，是山房春天自己的事，不关人世沧桑。"庭树不知人去尽，春来还发旧时花"，诗人本来自己深知昔日繁盛的梁园，一到春天，繁花满园，士女云集。而今的梁园物是人非，冷寂异常，诗人却对梁园旧事一字不提，偏偏要由无知的庭园花树"自己"说出"不知人去尽"。在颓废的梁园忽见发出旧时花，这本是诗人自己哀伤之情难抑，无赏花之意，却说是庭树不管有人无人来欣赏，只要春天一到，它仍我行我素地开出当年那样的绚丽繁花，尤其"不知""还发"两词，极具哲理意味。

这首小诗给人们的哲学启迪是，事物的运动都有它自己的规律。规律是客观的，它的运行是不依人的意志为转移的，不管人们是否重视它、喜欢它，它总是照样运行着，新陈代谢着。

"八至"处处有辩证法
——读李冶《八至》

至近至远东西,至深至浅清溪。
至高至明日月,至亲至疏夫妻。

李冶(约 730～784),乌程(今浙江吴兴)人。唐中期女诗人,少时才高气傲,被家人送入道观做了女道士。成年后,与当时的陆羽、皎然等诗人多有交往,后诗名远扬,被召入宫,遇"安史之乱",在战火中不知所终。其诗多已散失,现仅存十余首。《八至》这首六言诗,讲的都是质朴至真的道理,颇有些朴素的辩证法。

"至近至远东西",东西是两个相对的方位,地球上除南北极,任何地点都有这两个方面。由东和西两个点相向而行,愈行愈近,至近可间隔为零。由某一点向东和西反向而行,愈行愈远,至远可达无穷远,这句讲的是事物的相对性。至近至远又统一于"东西","东西"就是一个矛盾的统一体。

"至深至浅清溪",清溪,水清见底,较之大江大海,可谓最浅了,而溪水流长,也会在某处汇集成深渊黑潭,又因其清，当月夜星空，古木倒影其中，清溪又变得深不可测。这句诗体现了本质和现象的矛盾统一。

"至高至明日月"，月亮本不发光，月明源自太阳光线反射到地球上，日、月联用曰"明"，日和月是人们肉眼所能见到的最高最明亮的球体。这句诗的深层意思是讲人们只有站得更高，才能看得更远，才能明察事理。

诗的前三句讲物理，末句进入主题，讲世间人情。前三句中的辩证因素凝结在末句，鲜明突现了主题内涵的哲理性。"至亲至疏夫妻"，恩爱的夫妻，生死相依，相濡以沫，也就是常言所说的，至亲莫若夫妻。忠贞不渝的夫妻，亲如一人，是任何力量也无法使其分开的；不相爱的夫妻，同床异梦，形同陌路，甚至反目成仇，不共戴天，相背离的夫妻其心理距离是最难以弥合的。夫妻之间本应如清溪般纯净，但是一旦有阴影遮蔽，夫妻关系又会变得微妙难测，即使有"至高至明日月"般的智慧，也难看清"至亲至疏"的夫妻关系。这里透出诗人写此诗的真意，是寻求夫妻至疏的答案。在封建社会，女性受政权、族权和夫为妻纲、男尊女卑封建道德的束缚，个性被压抑，自由被剥夺，命运多舛，酿成的婚姻悲剧何其多，这也就是诗人要发问的，要呼喊的。

《八至》这首六言诗，写得平易淡致。平易中蕴含了深奥的哲理，淡致的深处折射出针砭时弊的锋芒。从诗歌创作风格上讲，这首小诗体现了平淡中见奇崛的艺术辩证法。

古代阴阳辩证法的艺术阐释

——读苏涣《变律》

> 日月东西行，寒暑冬夏易。
> 阴阳无停机，造化渺莫测。
> 开目为晨光，闭目为夜色。
> 一开复一闭，明晦无休息。
> 居然六合外，旷哉天地德。
> 天地且不言，世人浪喧喧。

苏涣（生卒年不详），眉州眉山（今四川眉山）人。唐代诗人，侍御史。今存《变律》诗，仅有三首。这里选录其中一首。

从苏涣流传下来的三首《变律》诗看，主要是讲关于自然、生活和社会的哲理。摘录的这首主要是讲诗人对宇宙运行规律的探索。诗中大篇幅描述常见的自然现象，这些自然现象大都是相辅相成，有秩序地、交替呈现的：日往则月来，月往则日来；寒往则暑来，暑往则寒来；晨光和夜色循环往返，黑暗和光明没有休歇……正是这些成双成对、相反相成的自然现象，将诗人引向对自然现象背后隐藏的事物运动变化规律的思考。

"阴阳无停机，造化渺莫测"两句，体现了中国传统哲学思想，是对古朴的阴阳矛盾统一规律的精彩描述。阴阳作为哲学范畴，早在《易经》中已出现。《周易大传》（以下简称《易传》）作者进一步发展了阴阳矛盾统一体的观点，提出了"一阴一阳之谓道"的著名哲学命题，肯定事物自身包含阴阳两个方面，阴阳的对立统一规定事物的形成和变化，是天地万物的法则。《易传》开始从理论的层面上对事物运动变化的内在原因作更深入的探讨。《系辞》中说"日月运行，一寒一暑""日月相推而明生焉""寒暑相推而岁成焉""屈伸相感而利生焉"。一年四季的寒来暑往，昼夜的一明一暗都是依靠日月的互相推移生成的，阴阳的变化日日夜夜都不停歇。

　　苏涣写的这首《变律》，是哲学化的诗歌，主要吸收了《易传》中的古朴辩证法，并运用了《易传》中某些哲学概念作为诗歌意象。写好这种诗，难度是很大的，这或许是诗人的一种尝试。

外部条件能加速或延缓事物发展进程
——读张谓《早梅》

一树寒梅白玉条,迥临村路傍溪桥。
不知近水花先发,疑是经冬雪未销。

张谓(生卒年不详),字正言,河内(今河南沁阳)人。唐天宝二年进士,历任尚书郎、潭州刺史、礼部侍郎。今存诗一卷。

这首《早梅》是张谓诗的代表作。诗以生动的笔触描述了早梅生长的规律。诗中写道,在村路远处的溪水桥旁,一树梅花凌寒独放,绽开的梅花缀满枝条,如玉如雪。人们不知道它是靠近水边借助地温的上升才比别的梅花开得早,还以为这些白梅花是经冬尚未消融的积雪呢!

这首清丽的小诗,非常形象地体现了事物变化的内因和外因的关系。当白梅具备了开花的内在因素,即内因,是早开放还是晚开放,这还要看外部条件,即外因。诗人正是抓住了早开晚开这一时间差,突出写了一树寒梅先开放的外部条件。"迥临村路傍溪桥",水温、地温、水分,这些得天独厚的条件,极有利于内因发挥，从而加速了白梅的发育开放。

张谓写的这首《早梅》，与唐前期诗人李峤写的《梅》诗中的"大庾敛寒光，南枝独早芳，霜含朝暝色，风引去来香"句，有着异曲同工之妙，既体现了内因和外因的关系，又形象地反映了事物普遍性和特殊性的辩证统一。

——读古诗词谈辩证法

任何事物都有其内在的本质的联系
——读顾况《行路难（其一）》

君不见担雪塞井空用力，炊砂做饭岂堪食？
一生肝胆向人尽，相识不如不相识。
冬青树上挂凌霄，岁晏花凋树不凋。
凡物各自有根本，种禾终不生豆苗。
行路难，行路难，何处是平道？
中心无事当富贵，今日看君颜色好。

顾况（约725～约841），字逋翁，苏州海盐横山（今在浙江海宁境内）人。中唐诗人、画家。一生官位不高，曾任著作佐郎，晚年隐居茅山。其诗通俗、清绝，从不同方面反映中唐时期的社会生活，是一位关心人民疾苦的现实主义诗人。有《顾逋翁集》《华阳集》。

此诗原意是写世事人生之路的艰难。诗的中间四句，借助常见的植物讲述了事物联系的多样性，使这首诗具有了辩证的哲理内涵。"冬青树上挂凌霄，岁晏花凋树不凋"，冬青树属常绿乔木，凌霄花属藤本植物，靠攀援他物生长，两者之间虽同属植物，但相互间的联系是偶然性的，而非本质的联系。同样的，"种禾终不生豆苗"，禾和豆也不存在本质联系。常言说的"种豆得豆"，倒是讲了事物的本质联系。"凡物各自有根本"，这是诗人从平常所见事物联系中概括出来的一条朴实的哲理名言。它说明事物各有其自己的特性，即事物内在的、本质的联系，事物也都是依其内在的、本质的联系而变化发展的。

列宁在《黑格尔〈逻辑学〉一书摘要》中指出："规律就是关系。……本质的关系或本质之间的关系。"人们认识事物，揭示事物变化发展的规律，就要从事物多种多样联系中去研究事物，"必须对事物的各种联系加以具体的分析，分清何者是本质的，何者是非本质的，何者是必然的，何者是偶然的，何者是主要的，何者是次要的，从而抓住事物内部的、本质的、必然的联系。科学的任务就在于揭示事物的规律性"。（参见艾思奇《辩证唯物主义历史唯物主义》，人民出版社1978版，第69页）

天道有盈亏
——读孟云卿《感怀》（节录）

火云流素月，三五何明明。
光曜侵白日，贤愚迷至精。
四时更变化，天道有盈亏。
常恐今已没，须臾还复生。

孟云卿（725～781），字升之，平昌（今山东商河）人，一说河南（今河南洛阳）人。唐代诗人。天宝间应进士举不第，永泰间曾任秘书郎，一生潦倒漂泊。为诗反对声病、藻饰，作品深得杜甫等诗家推许。

孟云卿的《感怀》诗长达八十四句，这里选录其中八句，可独立成篇。诗人通过对月亮运行、阴晴圆缺的描述，来阐述对宇宙运行的感悟。

"四时更变化，天道有盈亏"，这两句是全诗中的精华。"四时更变化"表明四时变化是按自然界固有规律运行的。寒暑相推，依次更替，循环往返，以至无穷。更深一层讲，四季的变化包含了事物矛盾向自己对立面转化的哲学原理。"天道盈亏"是中国古典哲学中的一个重要辩证法命题。《周易·丰》中有比较明确的表述："日中则昃，月盈则食。天地盈虚，与时消息。"盈与虚、盛与衰是对立统一的，对立的双方相互依存，又相互斗争，在一定条件下，各自向对立面转化，由此推动着世间万事万物永不停止地运动、发展和变化。

　　《感怀》诗，虽着墨于月夜景色，但重在言理，是一首典型的哲理诗。

小诗贵在激发人们探索未知领域

——读李益《度破讷沙》

> 眼见风来沙旋移,经年不省草生时。
> 莫言塞北无春到,总有春来何处知?

李益(746~829),字君虞,陇西姑臧(今甘肃武威)人。中唐著名边塞诗人。曾从军边疆,官至礼部尚书。有《李益集》传世。

《度破讷沙》是李益赴边疆途经破讷沙时,用诗的语言记录他对塞北沙漠现象、沙漠中生命的深度思考,诗中折射出一种深刻的辩证思维。

诗的前两句写进入破讷沙所见。"眼见风来沙旋移,经年不省草生时",放眼望去,狂风裹挟着黄沙急剧旋转移动,茫茫大漠上隆起的沙丘直接天际,这是何等荒凉的景象。此时诗人自然要想到沙漠中的生命,在写"经年不省草生时",极谨慎地用"不省"两字,而不是否定这里会有草生时。

诗的三、四句是写诗人度破讷沙所思。"莫言塞北无春到,总有春来何处知?"反问句更看出诗人对塞北沙漠有春天的观点是有所思考的。他坚定地认为，不能因为塞北沙漠气候恶劣，沙化严重，就断定塞北没有春天，换一角度看，恰恰是因为漫无边际的沙尘暴将青草掩埋，纵有春天来过，人们可从哪里知晓？诗的末句用疑问句做结，是具辩证意味的。

塞北沙漠有春天不是轻易讲出来的。李益是著名的边塞诗人，也是一位纪实文学家，他记的都是实事，是经得住历史考验的。诗中讲的破讷沙，亦称普讷沙、库结沙，即今内蒙古自治区西部的库布齐沙漠。这里是诗人从军之地，也是《诗经》中"春日迟迟，卉木萋萋"句所描绘的先秦朔方古城所在地。据《诗经》和历史记载，破讷沙是有春天的。李益曾多次为破讷沙赋诗。他在《从军夜次六胡北饮马磨剑石为祝殇辞》中就描述了破讷沙早期地貌，此地有泉溪经过，有茂密青草，只是已呈现出风沙转移的景象。

初唐边塞诗人张敬忠写《边词》描述五原春色："五原春色旧来迟，二月垂杨未挂丝。即今河畔冰开日，正是长安花落时。"五原与破讷沙处于同一区域，作为张敬忠的晚辈，同为陕甘老乡，又都先后在朔方军幕任职，李益想必会熟读此诗。他在《过五原胡儿饮马泉》诗中同样描述了春意盎然的五原风光。《度破讷沙》诗中提出的"莫言塞北无春到"的观点是有史实支持的。《度破讷沙》强调的是边塞长期战乱不断，敌对双方争相屯兵垦荒，草原生态环境严重被破坏，沙尘旋移急剧吞噬着边塞广袤的草原之地，这才是诗人要发出的警示。

诗人这首诗距今两千来年，那时的沙漠对人类来说还是一个未知的领域。沙漠是如何形成的，沙漠深处有无生命存在？人类能否阻挡沙漠的侵袭？被风沙吞噬的绿野难道不能改变吗？……诗中描述的景观和诗人思考的这些问题，总会激发着人们去探索、去思考、去寻求科学的答案。

人类认识和治理沙漠的进程是漫长的，可喜的是恰恰就在当年李益书写《度破讷沙》一诗的地方，现在奇迹般地呈现出一片草木茂盛的绿洲，为世界治沙人所惊叹。2015年库布齐沙漠获联合国颁发的土地生命奖。

察治乱于隐微中

——读刘禹锡《西塞山怀古》

王濬楼船下益州,金陵王气黯然收。
千寻铁锁沉江底,一片降幡出石头。
人世几回伤往事,山形依旧枕寒流。
今逢四海为家日,故垒萧萧芦荻秋。

刘禹锡(772～842),字梦得,洛阳(今属河南)人,生于吴郡(今苏州)。唐代著名诗人。其诗通俗清新,风调自然。唐长庆四年(824),刘禹锡由夔州(今重庆奉节)刺史调任和州(今安徽和县)刺史,途经西塞山,感于时事,写下了这首诗。大意是:西晋王濬的战船沿江东下,金陵王气黯然消逝。千丈拦江铁锁被大火熔断,沉入江底,一片白色的降旗已插在石头城上。人世间有多少叫人感伤的往事,西塞山依旧俯枕着寒凉的长江。今逢四海统一为一家太平之日,已废弃的军事堡垒长满了芦荻,在萧瑟秋风中摇曳。

这是一首抚今吊古的怀古诗。诗人凭吊见证六朝灭亡的西塞山前遗迹,抒发山河依旧、人事全非的感慨。末联用笔深曲、寄意深沉,既写出了全诗的主旨,又体现出丰富的辩证内涵。

"今逢四海为家日,故垒萧萧芦荻秋",这两句诗看上去是一般的叙事和写景,其实暗含祸福、安危转化的道理。首句是讴歌四海一家太平之日,后句是慨叹故垒萧萧的六朝灭亡的遗迹。前后两种绝然不同的景象相互对立,又相互映衬,共处一联中。诗人运用这一对立统一的艺术表现手法,其意在于揭示现实的隐患。

现实的隐患就是割据势力的抬头。史载,安史之乱后,唐王朝国力日衰,危机日深,藩镇割据愈演愈烈。唐宪宗平藩战争取胜,给唐朝中兴带来些微希望,但割据势力抬头的潜在危机却被中兴的景象所掩饰。后来的历史也证明,割据势力抬头,由微至著,唐王朝虽屡次削藩,但都收效甚微,此局面延续近两个世纪,直至北宋初结束。

诗人之所以能及时地察觉现实中的隐患,这与他在长期政治生涯中总结出的政治策略辩证法不无关系。他在《儆舟》一文发挥了老子的"祸兮福之所依,福兮祸之所伏"这一辩证法思想,提出"祸福之胚胎也,其动甚微;依伏之矛盾也,其理甚明。困而后儆,斯不及已"。其意是说,祸与福在孕育的阶段,它们变动的征兆是很微小的,而祸与福这一矛盾着的两个方面是相互依存相互转化的,这个道理也是很明白的,而人们往往陷入困境才引起警惕,那就来不及了。诗人借行船的寓言故事，阐述了政治生活中安危相互转化及转化的条件，"兢惕"，危险可转化为平安；"宴安"，可转化为危险。危险往往不是发生于艰难之时，而是多产生于奢侈安逸的生活中。

《西塞山怀古》艺术地体现了《儆舟》一文中的辩证法思想，诗中沉淀着深厚历史信息，"今逢四海为家日，故垒萧萧芦荻秋"两句所营造的苍凉的哲理意境，在中国古诗词中堪称一绝。

听唱新翻《杨柳枝》

——读刘禹锡《杨柳枝词》

塞北梅花羌笛吹，淮南桂树小山词。
请君莫奏前朝曲，听唱新翻《杨柳枝》。

　　刘禹锡在"永贞革新"失败后，被贬到朗州、连州、夔州、和州等地，遭贬谪的命运反使他意外获得创作的源泉。他有更多的时间采风于乡下，能更多地接触劳动人民，更深入地挖掘、搜集整理流传于民间的歌谣、小调，从而创作出具有地方特色、带有泥土芳香、优美动听、清新自然、情感爽朗明洁的《竹枝词》《杨柳枝》《浪淘沙》等一大批作品，开创了一条文人诗与民歌相结合的新路。本文所选的是《杨柳枝词》中的第一首。

　　这首小诗体现了艺术发展的辩证法。诗人认为世界总是向前发展的，反映客观事物发展的文学艺术，也应不断地创新，不断前进。塞北羌笛吹奏的《梅花落》，淮南小山的歌词《招隐士》，这都是创作于前朝西汉时的旧曲，当时在民间得以广泛流传。但时间已过去数百年，现在总不能反复唱那些老曲调，而应该唱些富有时代气息的新词新曲，多听听新翻的《杨柳枝》。

诗人的观点很明确，他劝说人们积极支持新生事物，支持革新，不要因循守旧，不要一味地留恋过去，不要用老眼光看待新生事物。

刘禹锡创新民歌体乐府诗是成功的。他写出的《竹枝词》《踏歌词》《浪淘沙》为代表的民歌体乐府诗，极大地丰富了民歌创作体裁，拓宽了中国诗歌的创作领域。这些民歌体小诗不仅具有浓郁的民歌意味和清新的生活气息，而且在意境创造和思想情感抒发方面都达到一个新的境界，实现了音乐、民间曲调和古典诗歌的最佳结合。美丽的风景，淳朴的民俗，纯真的风情，带有各族特色的语音，完美地融合一体，其诗其词可吟、可歌、可舞，便于普及和流传，对后世影响极大。创作地由沅湘和巴渝扩展到神州多个地区，并以多种渠道流传到日本。

刘禹锡创作民歌体乐府诗的历程证明：人民是一切文学艺术创作的源泉。文学家们、艺术家们只有深入人民生活，熟悉了解人民的生活，不断地从人民生活实践中汲取养分，才能创造出人民喜闻乐见的好作品，正如鲁迅先生《门外文谈》所评："唐朝的《竹枝词》和《杨柳枝词》之类，原都是无名氏的创作，经过文人的采录和润色之后，留传下来的。"（《鲁迅全集》第六卷，人民文学出版社1981年版，第94页）刘禹锡正是去深入实践，向民歌学习，发挥创作律诗和深谙音乐的长处，成为民歌体乐府诗的开拓者。

透过现象　探求本质
——读刘禹锡《浪淘沙》

一

濯锦江边两岸花，春风吹浪正淘沙。
女郎剪下鸳鸯锦，将向中流匹晚霞。

二

日照澄洲江雾开，淘金女伴满江隈。
美人首饰侯王印，尽是沙中浪底来。

《浪淘沙九首》如《竹枝词》一样，是刘禹锡吸取民歌营养而创作的一组民歌体诗（参见附录一）。本文选录两首（在原诗中分别列第五首和第六首）。这两首诗采用比兴、衬托和对比手法，生动描写了劳动人民对美好生活的追求和辛苦淘沙的场景，诗中体现了朴素唯物主义和朴素辩证法。

《浪淘沙》前一首是描写锦江风情。濯锦江两岸鲜花盛开，清江碧透，阵阵春风吹起的波浪淘洗着白白的细沙。江边女郎捏着新织出的鸳鸯锦的一角，向着江中使劲地摆动着，她们是要与倒影在江中的彩霞相比美，因为那彩霞是天上织女亲手织出来的。诗人将这瞬间所见记了下来。

《浪淘沙》后一首，诗人切换镜头，摄录澄江女浪沙淘金的场景。朝日照在晨雾散去的小洲上，江湾处早已挤满了淘金的女子，开始了"千淘万漉"的劳作。面对这一场景，诗人吟出"美人首饰侯王印，尽是沙中浪底来"的闪烁着哲理光辉的诗句，将华丽贵族美人的黄金首饰和侯王金印与千辛万苦淘金于江湾的女子联系起来，一个很朴实又很尖锐的问题就提出来了。那些江边女子都是有着美好理想的，要用劳动去实现自己的理想，但她们整年累月地辛苦劳作却不得温饱，一直在生死线上挣扎；而那些富贵奢靡的权贵阶层，却可以无限度地占有劳动者的劳动成果，两者形成的反差如此之强烈，原因又出在哪里？

流水淘沙不暂停，前波未灭后波生。漫步江边的哲学家刘禹锡在思考。他坚信人类社会如同九曲黄河连银河，必将向着美好的未来发展。

新陈代谢规律的艺术体现

——读刘禹锡《酬乐天扬州初逢席上见赠》

巴山楚水凄凉地，二十三年弃置身。
怀旧空吟闻笛赋，到乡翻似烂柯人。
沉舟侧畔千帆过，病树前头万木春。
今日听君歌一曲，暂凭杯酒长精神。

《酬乐天扬州初逢席上见赠》，表现了诗人对世事变迁和仕宦升沉的豁达襟怀，同时也体现了诗人对新陈代谢规律的清醒认识。

刘禹锡与白居易诗歌唱和颇多。唐宝历二年（826），刘禹锡被罢和州刺史，同此时，白居易因眼病被免苏州刺史职，两人在回洛阳路上相逢于扬州。白在赠刘诗中有"举眼风光常寂寞，满朝官职独蹉跎，亦知合被才名折，二十三年折太多"等句，对"诗称国手"的刘禹锡的坎坷遭遇深表同情和不平。刘对自己的遭遇不免感慨，但能摆脱一己之困，不因无辜被贬而过多地叹惋，反以昂扬旋律，吟出"沉舟侧畔千帆过，病树前头万木春"的千古名句。

刘禹锡是一位有着朴素唯物论和深厚朴素辩证法思想的哲学家，他对事物善于从辩证的方面去观察和思考，不是静止地、孤立地看问题。在这首诗中，"他虽以'沉舟''病树'自比，但指出个人的沉滞算不了什么，坚信世界还是要向前发展的，新陈代谢总是要继续下去的，新生必将战胜腐朽。这种看法符合事物的发展规律，表现了诗人积极进取的人生态度"。（龚国基《毛泽东与中国古代诗人的心灵对话》，中央文献出版社2013年12月版，第189页）

这首诗的尾联不仅仅点明酬答白诗题意，而且是一种情与理的升华。"今日听君歌一曲，暂凭杯酒长精神"，这是从诗人肺腑流出的诗句，集中表达了诗人重新投入生活的达观精神和坚韧不拔、愈挫愈勇的意志。

祸福相因的辩证法
——读刘禹锡《学阮公体三首（其一）》

少年负志气，信道不从时，
只言绳自直，安知室可欺？
百胜难虑敌，三折乃良医。
人生不失意，焉能暴己知？

《学阮公体三首》为刘禹锡被贬朗州（今湖南常德）时所作。大意是：少年时怀有很大的志向，相信真理不屈从流俗，只知道正道直行做事情，哪料到世间有些人背后搞阴谋。战场上情况变化无常，即使百战百胜的将军，也不免有"难虑敌"之时。多次骨折的人，在反复治疗中积累经验，也能成为高明的医生。人生若都是一帆风顺，没有遇到失意的事，怎么认识自己的弱点和缺点？这首诗用语质朴，论证严密，全诗充满祸福相因的朴素辩证法，闪耀着人生哲理之光。

诗的前四句是诗人对自己政治生活的回顾和反省。在后四句，诗人就人生挫折和失败阐发自己的观点。他认为，人们应学会从不利条件中找出有利因素，挫折和失败对一个人来说，既是坏事，又是好事，只要能正确认识，并从积极方面多做努力，坏事可变成好事，挫折可变成再战的鉴戒。诗人明确提出用转化的观点看待一己之困厄。"百胜难虑敌，三折乃良医"，一个身经百战的将军对战场情况变化的认识要比常人深刻得多，也只有具有丰富战场经验的人才能发出"难虑敌"之叹！历经多次骨折的人，在反复治疗中积累经验，也能成高明的医者。"人生不失意，焉能暴己知？"一个人一生顺利，未必是好事，倒是经历挫折和失败的磨练，更能从失意中认识自我，看清自己的弱点和不足，使自己更快地成熟起来。

"人生不失意，焉能暴己知"，这两句颇具现实意义。《老子》书中提出的"自知者明"是言理，刘诗中的"暴己知"是践行，践行是需要有些勇气的。辩证法认为，只有正确地认识自己，才能正确地认识别人，更客观地认识世界。鲁迅先生曾就对人对己的要求说过一段精辟的话："我的确时时解剖别人，然而更多地更无情地解剖我自己。"勇于解剖自己，正确认识自己，战胜自己，驾驭自己，这是一种很高尚的品质，更是人们期望达到的至高精神境界。刘禹锡在一千多年前就有了这种认识。

刘禹锡的这首《学阮公体》，在很大程度上体现了对矛盾转化规律的认识。唯物辩证法认为，矛盾着的对立的双方互相斗争的结果，无不在一定条件下互相转化。按照矛盾转化的原理，"我们必须学会全面地看问题，不但要看到事物的正面，也要看到它的反面。在一定的条件下，坏的东西可以引出好的结果，好的东西也可引出坏的结果"。（《毛泽东文集》第七卷，人民出版社1999年版，第204页）

兴废转化的辩证法
——读刘禹锡《汉寿城春望》

汉寿城边野草春,荒祠古墓对荆榛。
田中牧竖烧刍狗,陌上行人看石麟。
华表半空经霹雳,碑文才见满埃尘。
不知何日东瀛变,此地还成要路津。

诗人刘禹锡尽管在政治上因"永贞革新"失败遭到多次贬谪,但能始终坚持朴素的唯物论和辩证法,以发展的眼光看待未来,坚信正义的事业必将得到胜利。此诗大篇幅描述汉寿城遗迹和衰败的景象,以期引起人们对汉寿城荣枯变化的思考。

春天来了,
汉寿城边的野草透出了绿色。
荒凉的祠堂和古墓前长满了荆棘,
谁人来祭扫?
田野里牧童正烧着祭祀后抛弃的刍狗,
田地荒芜,只见牧牛童。

路过的行人停下了脚步，
仔细观看那王公贵族墓前的石麟。
那雕刻着花纹的华表遭雷击已是大半残缺，
断裂的石碑沾满了灰尘，
碑文依稀可辨……

《汉寿城春望》既是对汉寿城荣枯变化的真实写照，又是一幅运用暗色调绘出的油画。此诗用题《汉寿城春望》，首句用词"野草春"，与尾联两句，犹同阴霾中透出了一缕亮光，这也体现出诗人对未来社会向好发展的期望。

最后两句"不知何日东瀛变，此地还成要路津"，是诗人阐述的"人间荣谢递相催"的观点。他认为，兴与废相互依存，在一定的条件下会转化。有兴就有废，有废就有兴。眼前看到的破败不堪、满目荒颓的汉寿城，或许在不太久的时间内又会变为南北交通要津，成为商贸发达、社会繁荣的地方。诗人将哲学家的眼光，透过眼前残败的外表，投向人世间的沧桑变化。

刘禹锡诗歌中，体现兴废辩证法的诗不乏其例。与《汉寿城春望》内涵相近的有《故洛城古墙》诗："粉落椒飞知几春，风吹雨洒旋成尘。莫言一片危基在，犹过无穷来往人。"诗人从残垣断壁的"危基"旁边人群往来如织的景象中，看到洛阳故城出现由废而兴的转机。还有《杨柳枝词》："金谷园中莺乱飞，铜驼陌上好风吹。城东桃李须臾尽，争似垂杨无限时。"诗人在金谷园、铜驼街这些破败的景象中看出春的生机。

不利条件中包含有利因素
——读刘禹锡《乐天寄重和晚达冬青一篇，因成再答》

> 风云变化饶年少，光景蹉跎属老夫。
> 秋隼得时凌汗漫，寒龟饮气受泥涂。
> 东隅有失谁能免，北叟之言岂便诬。
> 振臂犹堪呼一掷，争知掌下不成卢？

唐太和五年（831），刘禹锡曾写《赠乐天》一诗，白居易赓和刘禹锡的《赠乐天》诗意，写《代梦得吟》一首（附后）。次年2月，刘禹锡到苏州任上，白居易将《代梦得吟》寄去，刘禹锡写下了这首《乐天寄重和晚达冬青一篇，因成再答》。其诗大意是，叱咤风云的多是年轻的人，虚度光阴的多是我们这些老夫，秋高气爽正是雄鹰凌空翱翔的好时光，天寒地冻神龟总是能饮气于泥涂中。失之东隅是谁也难以避免的事情，北叟讲的祸福相依的话难道有什么错吗？振臂高呼一掷，未必不能博得头彩。

这首诗论述的重点是《赠乐天》诗中提出的"在人虽晚达，于树似冬青"。论述从"一般"和"个别"两个方面展开。诗人认为，年轻人身体健壮，精力充沛，能够叱咤风云，干一番轰轰烈烈的事业；老年体衰，力不从心，很难再办成一些重要的事。这诚然是就一般而论，而就"个别"而论，人到老年还是有可利用的条件，也是可以有所作为的。诗人的这一观点是极其可贵的。从辩证法的角度讲，个别和一般是紧密联系着的，而不是绝对的等同，"任何一般只是大致的包括一切个别事物。任何个别都不能完全地列入在一般之中"。（列宁《哲学笔记》，人民出版社1956年版，第363页）个别比一般要丰富得多。"物质是运动的，各种具体事物都有其产生、发展和灭亡的历史，这是一般，是共性；但是，各种事物发展所经历的过程又各不相同，仅仅说到发展变化，就没包括各种事物发展的特殊性"。（韩树英主编《通俗哲学》，中国青年出版社1982年版，第169页）作为哲学家又深谙医学的刘禹锡，在这首诗中正是从"光景蹉跎属我夫"这个"一般"，转向"于树似冬青"这个"个别"的重点阐发。

"秋隼得时凌汗漫，寒龟饮气受泥涂"两句，诗人用善假于物的雄鹰和神龟为例来说明，同样的环境条件，对此物是不利的而对彼物却是有利的，并为彼物所利用。秋季，对多数动植物是衰节，而秋季天高气爽，正是雄鹰翱翔的好时光。诗人以此告诫老年人要珍惜稍纵即逝的时光，以积极的、达观的心态，能动地适应暮年时期的环境，把握好、利用好有利条件，为自己开辟一片暮年生活的新天地。

"东隅有失谁能免，北叟有言岂便诬"两句，诗人用冯异之事和塞翁之典来说明，任何事物都不是一成不变的。祸与福，荣与辱，好事与坏事，有利与不利，在一定的条件下，都是可以转化的。失之东隅，不必因此而沮丧，"塞翁失马，焉知非福"。诗人以此劝说老年人不以晚达为憾，不能因体衰而消沉，而应振作精神。

《再答》这首诗，观点鲜明，逻辑性强。虽通篇议论，但显"梦得骨力豪劲"，多有辩证法元素闪耀其中，使人读之兴味无穷，受益匪浅。

附：

代梦得吟

白居易

后来变化三分贵，同辈凋零太半无。
世上争先从尽汝，人间斗在不如吾。
竿头已到应难久，局势虽迟未必输。
不见山苗与林叶，迎春先绿亦先枯。

读古诗词谈辩证法

生老病死是不能违背的辩证规律

——读刘禹锡《乐天见示伤微之、敦诗、晦叔三君子，皆有深分，因成是诗以寄》

> 吟君叹逝双绝句，使我伤怀奏短歌。
> 世上空惊故人少，集中惟觉祭文多。
> 芳林新叶催陈叶，流水前波让后波。
> 万古到今同此恨，闻琴泪尽欲如何。

这是刘禹锡答白居易伤逝故人的诗作，表达了对元稹、崔群、崔玄亮三位友人相继谢世的沉痛哀思，又阐述了对待生死问题的独到见解。

"芳林新叶催陈叶，流水前波让后波"，这是极具辩证法色彩的诗句。诗人选取自然界富有变化的景物，以非常形象和精练的语言说明了新陈代谢是宇宙间不可抗拒的客观规律。新叶萌发，陈叶凋落；前波消逝，后波涌出。世界就是处在这样一个永不停息的运动、变化和发展过程中，新生事物必然替代陈旧的事物。

生生死死是自然规律的这一观点，也见之于诗人的哲学著作，他在《问大钧赋中》提出"以不息为体，以日新为道"的看法，又说"物壮则老，乃唯其常；否终则倾，亦不可长"。这里讲的就是"运动不息，变化不已，是事物的常态，而且这种变化是个新陈代谢的过程"。（参见卞孝萱、卞敏著《刘禹锡评传》，南京大学出版社1996年版，第215页）"芳林新叶催陈叶，流水前波让后波"句和《浪淘沙》中的"流水淘沙不暂停，前波未灭后波生"句，都包含着《问大钧赋》中的辩证法思想。

  在这首答白居易诗的最后两句中，诗人既强调自然规律的客观性，说明这是任何人都无法改变的，又饱含深情地劝慰老友白居易，喔老悼亡，古今同此，但不可为逝者过度伤感，那样对逝者、生者都是无益的，要紧的是保重身体，更加珍惜晚年时光，继续前程。在这里，诗人不是在讲辩证法，而是自觉运用辩证法于生活。

乌衣巷见证金陵人事沧桑

——读刘禹锡《乌衣巷》

朱雀桥边野草花,乌衣巷口夕阳斜。

旧时王谢堂前燕,飞入寻常百姓家。

刘禹锡的这首《乌衣巷》,通过对昔日金陵一条街变迁史的描述,从一个侧面揭示了朝代兴衰交替、历史演变的规律,传诵不衰。

"朱雀桥边野草花,乌衣巷口夕阳斜",朱雀桥是金陵市中心通往乌衣巷的必经之路,昔日是车水马龙、行旅拥挤的地方,现在虽已是初春,这里却行人稀少。桥边长满野草野花,呈现出一种孤寂、荒凉的景象。不远处的乌衣巷,昔日是繁荣之地,富贵之乡,今日却寂寥地呈现在斜阳的残照中,古老的小巷透出一种破败惨淡的情景,昔日风光已荡然无存。

诗的后两句,可谓神来之笔:"旧时王谢堂前燕,飞入寻常百姓家。"或许,能够见证王谢家族兴衰的莫过于这些飞来飞去的燕子,眼前这些飞入百姓家的燕子却是曾经栖息在王谢权门高大厅堂檐檩上的旧时燕。燕子筑巢,房子易主,看似一切都那么平常,但这可是金陵沧桑巨变的一个小小缩影。

刘禹锡是深谙艺术辩证法的。《乌衣巷》在艺术表现手法上,用语浅显,而意蕴深曲,情感藏而不露,通篇采用景物描写。诗中用燕子筑巢的寻常事描述朝代更替、富贵不常的重大历史题材,给读者留下极大的想象空间,笔法运用之巧妙,实非常人所能及。

《咏老见示》是辩证的

——读刘禹锡《酬乐天咏老见示》

人谁不顾老,老去有谁怜!
身瘦带频减,发稀冠自偏。
废书缘惜眼,多灸为随年。
经事还谙事,阅人如阅川。
细思皆幸矣,下此便翛然。
莫道桑榆晚,为霞尚满天。

刘禹锡的这首《酬乐天咏老见示》,写得情真意切,言理精当,既表达了对老友白居易的关照之情,又集中阐发了对待年老的辩证观点,唱出了"莫道桑榆晚,为霞尚满天"的壮歌。

刘禹锡与白居易愈到晚年唱和愈多。这次白居易以《咏老》为题写诗赠刘禹锡,诗中隐隐流露出因老病交瘁而出现的悲观情绪和自弃自厌的老年心境。深谙中医的刘禹锡是深知老友"病"因的,他在《闲坐忆乐天以诗问酒熟未》中,以"唯有达生理,应无治老方,减书存眼力,省事养心王"句提醒白居易不可相信道教的却老还童术。在这首《酬乐天咏老见示》

中他对老友所言句句作答，客观分析老年人的弊处和益处，并以肺腑之言规劝。他认为，人老了体衰多病，这是老的短处，也是不能抗拒的自然法则。但要看到人老也有老的长处，老年人经历的事情多了，明白的事理多了，对事物看得更深透些，到了阅人如阅川的境界，积累了宝贵的经验就能为后来人提供更多借鉴，如能在这方面多想想，消除对衰老的种种忧虑，那就会"跬步江山即廖廓"，在人生的晚年仍会有所作为，面前仍会展现一片新天地。

"莫道桑榆晚，为霞尚满天"，一些好的诗句就是这样在不经意中流出。这两句描述的是一种艺术境界，更是一种美好的人生境界，诗人用这两句诗与老友共勉：人到老年，不应消极，不应悲观，要使自己的晚年撒满彩霞，映红天空。

刘禹锡的另一首诗《答乐天所寄咏怀，且释其枯树之叹》，同样体现对年老的辩证观，刘诗不同意老友白居易把自己看作一棵毫无生机的枯树，其诗的后四句云："骊龙颔被探珠去，老蚌胚还应月生。莫羡三春桃与李，桂花成实向秋荣。"刘诗认为年老意味着成熟，意味着充实，老年期应像三秋飘香的桂子，是蕴蓄精华、产生坚实成果的时期。

刘禹锡写了不少咏老诗，学界把这些诗称为暮歌秋歌。这些诗歌充分表达了作者的生死观，体现了作者对新陈代谢规律的清醒认识。

富有生命力的事物是扼杀不了的

——读白居易《赋得古原草送别》

离离原上草,一岁一枯荣。
野火烧不尽,春风吹又生。
远芳侵古道,晴翠接荒城。
又送王孙去,萋萋满别情。

白居易(772～846),字乐天,祖籍太原(今属山西),到其曾祖父时迁居下邽(今陕西渭南),生于新郑(今河南郑州)。唐代著名诗人。贞元十六年进士,最后以刑部尚书致仕。有《白氏长庆集》,诗近三千首。这首诗是诗人十六岁时的一篇应考习作。诗人抒写离情别绪往往借助于芳草,这首诗同样如此,开篇直奔主题,大篇幅写古原草的景色变化。诗的最后四句以"古道""荒城"扣题,点明"送别",结清题意。

这首诗写得很有些哲理。诗人以原上草的"枯""荣"变化,形象地表现了事物发展的辩证法和野草的顽强生命力。

诗的前两句描写蕴藏着无限生机的古草原。"离离原上草,一岁一枯荣",古草原广袤无垠,野草繁荣茂盛,在"一岁一枯荣"的自然规律作用下，不断地生长着、扩展着，每一年都要经历枯荣的变化，秋枯春荣，生生不息。茎叶凋落了，根须反而加速延伸，深植入大地，春来古草原更是生机无限。诗人是以发展的、向上的观点来看待"一岁一枯荣"的，而不是把荣枯看成是毫无变化的循环往返。

诗的三、四句，突现古原草的顽强生命力。"野火烧不尽，春风吹又生"，枯草遍野，烈火燎原，原上草瞬间化作灰烬，即使这样几近能摧毁一切的力量，却没有烧尽野草，春风春雨一来，植根于古原深处的野草嫩芽破土而出，古草原又是一片生机。

诗的五、六两句，呈现出原上草蓬勃发展的前景。"远芳侵古道，晴翠接荒城"，春天里原上草迅猛扩展，覆盖了古道，遥接荒城，草原上弥漫着阵阵花香，绿草沐浴着阳光，一直伸向远方。

《赋得古原草送别》是一首生命之歌。通篇富有生机和青春活力。"野火烧不尽，春风吹又生"两句，常被人们用来说明新生的、向前发展的事物是任何力量无法摧毁的，不管环境、条件多么恶劣，不管遭受多么严重的挫折失败，只要遇到适宜的条件，一定会以惊人的速度迅速生长和壮大起来。

不以地位高低论贤愚的辩证观

——读白居易《涧底松》

有松百尺大十围,生在涧底寒且卑。
涧深山险人路绝,老死不逢工度之。
天子明堂欠梁木,此求彼有两不知。
谁喻苍苍造物意,但与之材不与地。
金张世禄原宪贫,牛衣寒贱貂蝉贵。
貂蝉与牛衣,高下虽有殊。
高者未必贤,下者未必愚。
君不见沉沉海底生珊瑚,历历天上种白榆。

《涧底松》作于唐元和四年（809）。大意是，涧底松长得高大精壮，长年生长在山涧最阴冷最低处。涧深，山险，人迹罕至，涧底松至死也没遇上有工匠来丈量。帝王高堂建造缺栋梁之材，这边需求那边期待却两不相知，谁能知道茫茫苍天造物的用意，既育良材又不用于所用之地。金张世袭官位，奢华无度，世称贵族，为人贤能的原宪贫穷卑微，世称牛衣。牛衣寒士怎与冠带貂蝉的贵族相比。貂蝉与牛衣虽尊卑悬殊，但高贵者不一定有贤能，卑残者未必无才智。珍奇的珊瑚生成于深深海底，而那些轻浮的白榆植于空中。

白居易这首《涧底松》，与西晋左思《咏史·郁郁涧底松》一诗寓意相同。两诗都以涧底松为喻，揭露门阀制度弊端，为出身寒微的士人鸣不平。白诗较左诗，其内涵更深一层，尤其是提出了"高者未必贤，下者未必愚"这一富含辩证思想的观点。

全诗用一半的篇幅咏涧底松。"有松百尺大十围"，是讲涧底松质地优良，是栋梁之材。"生在涧底寒且卑"，是讲涧底松生长在幽深的谷底，既寒且卑，虽为栋梁之材，但不被人们所识，更不被社会所用，注定了自己的命运就是老死涧底。诗人对涧底松的不遇表示出极大的同情。

"谁喻"句后，诗从咏物转向对社会人事的评论。"金张世禄原宪贫，牛衣寒贱貂蝉贵"，诗人巧妙用典，在世袭官位、冠带貂蝉而无贤能的贵族和为人贤能、出身低微而终为牛衣寒士的强烈对比反差中，吟出"高者未必贤，下者未必愚"的至理名句。《历代哲理诗鉴赏词典》对这两句诗给予恰如其分的评析："在等级森严，甚至认为必须由地位来裁决的封建社会里，身为朝廷命官的白居易能有如此睿智明达的见解，不啻为振聋发聩之强音，其不以地位高下论贤愚的辩证思想所焕发出来的理性光辉，并不仅仅囿于'补察时政'的功利樊篱。"（参见徐应佩《历代哲理诗鉴赏词典》，湖北教育出版社 1994 版，第 1061 页）

把握事物本质才能不被假象迷惑

——读白居易《放言五首（其一）》

朝真暮伪何人辨，古往今来底事无？
但爱臧生能诈圣，可知宁子解佯愚。
草萤有曜终非火，荷露虽团岂是珠。
不取燔柴兼照乘，可怜光彩亦何殊。

  这是《放言五首》中的第一首。此诗开门见山第一句就告诫人们要学会识别真伪。诗的后四句，诗人借助形象，运用比喻说明鉴别真伪的道理和办法。全诗体现出一种辩证的思维。

  世界上的事物真相不都是清晰可见的。有时是鱼目混杂，真假难辨。"草萤有曜终非火，荷露虽团岂是珠"，草丛中的萤火虫发出的光亮虽似火实非火，荷叶上滚动着的晶莹的露珠，似珠而实非珠。人们往往被假象所惑，看不清真相。诗人认为，真的假不了，假的真不了，假象是不能持久的。"不取燔柴兼照乘，可怜光彩亦何殊"，诗人告诉人们识别真伪的办法之一就是对比法，在柴火和夜明珠的光亮前，就把草萤和露珠的真相看清楚了。

从哲学上讲，这首诗提出的问题在于如何认识和处理事物的本质和现象的关系。列宁在《哲学笔记》中对本质和现象有两段精辟的论述，他说："假象的东西是本质的一个规定，本质的一个方面，本质的一个环节。"又说，"非本质的东西，假象的东西，表面的东西常常消失，不像'本质'那样'扎实'，那样'稳固'。例如，河水的流动就是泡沫在上面，深流在下面。然而就连泡沫也是本质的表现！"（列宁《哲学笔记》，人民出版社1956年版，第111页、108页）这两段话告诉我们，事物的本质在事物的运动过程中表现为多方面的现象，假象也是事物本质在运动中的表现，但它不是"稳固"的东西、"扎实"的东西。这些假象的东西、非本质的东西又都存在于现象中，人们只有对各方面现象，包括事物的过去、现在及它与周围事物联系的现象，进行深入观察、分析和科学研究，才能把握事物本质，不被假象所迷惑。

辨别真伪需要时间考验

——读白居易《放言五首(其三)》

赠君一法决狐疑,不用钻龟与祝蓍。
试玉要烧三日满,辨材须待七年期。
周公恐惧流言日,王莽谦恭未篡时。
向使当初身便死,一生真伪复谁知。

这是一首富含哲理的政治诗。大意是:人们要解决疑问,用不着龟甲问卦,也不需蓍草占卜。检验玉石是真是假,只需用火烧满三天,色泽不变,就证明是玉。橡树与樟树成长缓慢,幼苗阶段,两种树其貌相似,长到七年后乃可分辨。西周时周公旦辅佐成王一片赤诚,忠心可鉴,但仍遭到一些流言蜚语的攻击。西汉末年的王莽未篡权时伪装得谦卑恭谨,曾迷惑了不少人。假使两人身先死,那就很有可能给后人留下真伪难辨的疑团。

诗中运用形象的比喻,讲述了判别事物真相的道理。诗的三、四两句,诗人借用"试玉"和"辨材"两个事例,说明世间的事情是复杂的,事物的本来面貌往往需要一个较长的过程才能显现出来，判别事物的真伪，就需要一定时间的检验和比较，需要人们善于透过现象看本质，不能凭主观想象。

诗的后四句，诗人将真伪的鉴别聚焦在对人的认识上。诗中举西周时周公旦忠心为国却遭流言诬陷，后汉时的王莽伪装谦恭掩饰篡夺政权阴谋活动这样两个绝然相反的事例，说明好人有被误会、被污蔑的时候，而坏人有迷惑人的时候。这两个事例警示人们，要对一个人有全面、正确的认识，就要看关键时刻所经受的考验，从整个历史去衡量，去做出结论，而不可根据一时一事的现象下结论。

白居易的这首诗，以七言律的形式，阐述哲学观点，并以事例论之，是极具说服力的。陈晋主编的《毛泽东读书笔记精讲》中说："毛泽东不止一次谈到白居易的这首诗。1972年，在批判林彪阳奉阴违，最终自我暴露的反革命罪行时，毛泽东引这首诗的后四句，用以说明：一个人错误的发展是有一定过程的，认识一个人是真革命还是假革命也是有一定过程的。"（《毛泽东读书笔记精讲》文学卷，广西人民出版社2018年版，第96页）毛泽东喜欢这首诗，主要因为它道出了怎样用辩证的观点去识别一个人的虚实真伪。

音乐艺术辩证法

——读白居易《琵琶行》（节录）

　　大弦嘈嘈如急雨，小弦切切如私语。
　　嘈嘈切切错杂弹，大珠小珠落玉盘。
　　间关莺语花底滑，幽咽泉流冰下难。
　　冰泉冷涩弦凝绝，凝绝不通声暂歇。
　　别有幽愁暗恨生，此时无声胜有声。
　　银瓶乍破水浆迸，铁骑突出刀枪鸣。
　　曲终收拨当心画，四弦一声如裂帛。
　　东船西舫悄无言，唯见江心秋月白。

　　《琵琶行》以其深刻的思想性和卓越的艺术性，被称为中国文学史上的千古绝唱。本文节选的是诗中描述琵琶演奏效果部分。

　　诗中对琵琶演奏效果的描述是精彩的。诗人以传神的文学语言生动逼真地描绘出动人心弦的音乐形象，充分展现出音乐运动中的艺术辩证法和音乐创作辩证法。

　　　　大弦嘈嘈如急雨，小弦切切如私语。

嘈嘈切切错杂弹，大珠小珠落玉盘。

这四句是讲琴弦在不同演奏条件下产生的音响效果是不一样的。诗中以阵阵急雨比拟大弦琴音的粗重深沉；以窃窃私语比拟小弦琴音的轻细婉转。在"嘈嘈切切错杂弹"的条件下，琴弦生发出不同寻常的美妙音境，如珠落玉盘，错落有致，清脆圆润。乐曲透出琵琶女对自己少小时代经历过的欢快生活的回顾。

值得重视的是，从这段描述中看出，诗人白居易对西周末史伯提出的"和实生物、同则不继""声一无听"，对春秋齐国晏婴阐述的"和"是清浊、大小、长短、疾徐、刚柔、迟速、高下等诸多对立因素的统一及相互调剂等古代音乐哲学思想的继承和发展。"嘈嘈切切错杂弹，大珠小珠落玉盘"是凝结了古朴辩证法的。

间关莺语花底滑，幽咽泉流冰下难。
冰泉冷涩弦凝绝，凝绝不通声暂歇。

这四句写的是音乐运动所表现出的复杂的情感变化。诗人以花间黄莺鸣叫声比拟琴声婉转流滑，以冰下泉水滞塞形容琴声冷涩凝结。"涩""滑"两境相反相成，呈现出音乐运动中的一种哲理意境。这段琴曲使人感受到琵琶女心中蓄积已久的悲伤和幽恨已到极点，无法控制自己再弹下去，只有"声暂歇"。"声暂歇"是诗人运用音乐休止停拍时间空白将难以言传的复杂情感化为袅袅余音，让听者用心去聆听、去感悟。

    别有幽愁暗恨生，此时无声胜有声。

    银瓶乍破水浆迸，铁骑突出刀枪鸣。

  这四句描述了乐曲由无声到有声，由低音区推进到高音区所呈现出的优美音乐艺术境界。在这里，音符的高低、节奏的张弛、音调的起伏、音色的明暗、情感的变化等诸多既对立又统一的因素，得以集中体现。"别有""此时"是强调诗中讲的"无声"，是非同一般的，其中有幽怨暗恨的萌生和聚集。幽愁暗恨到达极点总要爆发，琴曲此时由无声转向有声，其声必定是强烈激越的。这就是诗中描述的如银瓶破裂、水浆迸溅，如铁骑冲出、刀枪齐鸣。音乐在这样大起大落的旋律和节奏中运行，是极难把控的，稍有差错，那怕是一个小小音符错位，都是致命的。这里突出表现了诗人笔下的琵琶女超凡的弹奏艺术，因其音乐驾驭能力高超，才能通过演奏将自己丰富而复杂的情感辩证地、艺术地表现出来。

    曲终收拨当心画，四弦一声如裂帛。

    东船西舫悄无言，唯见江心秋月白。

  这四句是以动与静、张与弛强烈对比的艺术辩证法表现琵琶曲的音乐效果。曲终收拨与前面的弹奏有一个瞬间的中断，深谙此理的白居易，抓住这一瞬间中断，描绘了琵琶女的强烈划拨的神态。声似裂帛的划拨，带来奇妙的静谧。横在浔阳江边的船舫悄无声息，簇簇荻花在萧瑟秋风中摇曳，江上琴音似已凝固，江心秋月白，白诗塑造的音乐形象琵琶女，由此永远定格在浔阳江头。

　　写于一千多年前的《琵琶行》，已广泛地流传于国内外。对琵琶琴声绝妙的描述，无论对于音乐的欣赏，还是对于音乐的创作，都是一种深刻的哲理启示。音乐如一切事物一样，都是运动、变化和发展的。正因为如此，反映音乐客观运动的艺术辩证法才会有永久的生命力和感人心魄的艺术魅力。

大林寺桃花体现"特殊性"

——读白居易《大林寺桃花》

人间四月芳菲尽，山寺桃花始盛开。
长恨春归无觅处，不知转入此中来。

这是诗人在任职江州（今江西九江市）期间写下的一首纪游诗。诗前有序，序中记述，诗人登庐山香炉峰，宿大林寺，大林穷远，人迹罕到，山高地深，时节绝晚，人物风候，与平地聚落不同，初到，恍然若别造一世界者。小诗读来平淡自然，"序"的最后"恍然若别造一世界"道出了这首诗不平常之处，诗中蕴藏的哲理耐人寻味。

诗的前两句"人间四月芳菲尽，山寺桃花始盛开"，这是描述在平原和高山上所呈现出的两种不同的春光景色。平地村落在四月花儿已经凋零落尽，高山深寺的桃花才刚刚绽蕾开放。这里用了一个"人间"与"山寺"对应，突出了大林寺桃花异常的艳丽美好，人在其中，如临仙境。

诗的后两句"长恨春归无觅处，不知转入此中来"，这里表达出诗人跟踪春光而在大林寺意外相遇的惊喜之情。白居易经历探春、迎春、惜春到恨春去的情感变化，在大林寺相遇，自有一番特殊的感受。诗中用一"转"字，拉近了桃花与游人间的距离，明确了平地村落的桃花和大林寺桃花的内在联系，说明大林寺桃花是从村落桃林中转移出来的"一种"。

从气象学上讲，这首诗道出了山地气候与平原气候的差异，形象反映了气温是随海拔高度而递减的自然规律，处于不同高度的桃花呈现的景观是不同的。

从哲学的视角解读，这首小诗揭示了事物矛盾的普遍性和特殊性的关系。唯物辩证法认为，世界上万事万物都是千差万别的，千差万别的内在原因在于事物的特殊性。

每一事物内部既包含了矛盾的特殊性，又包含了矛盾的普遍性。普遍性存在于特殊性中，共性存在于个性中，绝对存在于相对中。深入研究和把握矛盾的普遍性和特殊性，是理解矛盾学说的关键。毛泽东在《矛盾论》中明确提出，矛盾的特殊性和矛盾的普遍性、个性和共性、相对和绝对的关系问题是"关于事物矛盾的问题的精髓，不懂得它，就等于抛弃了辩证法"。（《毛泽东选集》第一卷，人民出版社1991年版，第32页）

质变是量变累积到一定程度的暴发

——读元稹《蚁》

> 时术功虽细，年深祸亦成。
> 攻穿漏江海，蚕食困蛟鲸。
> 敢悼榱梁蠹，深藏柱石倾。
> 寄言持重者，微物莫全轻。

元稹（779～831），字微之，洛阳（今属河南）人。唐代诗人。积极提倡新乐府运动，与白居易诗风相近，常相唱和，世称"元白"。有《元氏长庆集》。

这首诗的意思是：蚂蚁虽然细小，能力微弱，但它们过着群居生活，时时不停地咬，日日不停地搬，年深日久，靠累积之力也会酿成大祸。它能穿透堤坝，漏干江海水；它还能困住并蚕食庞大的蛟龙鲸鱼；它深藏梁柱筑巢蛀蚀，能使玉柱倾覆，使大厦瞬间塌陷。寄语那些担负重任的人，对这些细微的东西造成的祸害不可轻视。

在中国历代诗词中，不少人写过这方面内容，汉代孔融《临终诗》，三国魏应璩《杂诗》等，大都以诗的形式阐释韩非子

《喻老》中提出的"千丈之堤，以蝼蚁之穴溃"的道理。元稹的这首诗直接以"蚁"为题，更生动更明确地说明了见微知著、防微杜渐的重要性。

从哲学上讲，元稹这首诗从一个侧面揭示了事物量变质变相互转化的规律。辩证法认为，在一切事物的发展变化中，量变是质变的准备，没有一定量的变化，不可能发生质变，这些量的变化是在一定的质的基础上进行的，在一定的限度内不会影响质的规定性。但当量的变化积累起来，超过限度时，质的规定性就受到破坏，就不可避免地引起质变。诗中"时术功虽细，年深祸亦成"，就体现了由量变到质变，由渐变到显著变化的规律。

时空变化辩证法的诗性表现

——读李贺《梦天》(节录)

黄尘清水三山下,更变千年如走马。

遥望齐州九点烟,一泓海水杯中泻。

李贺(790～816),字长吉,昌谷(今河南宜阳)人。唐代诗人,有《昌谷集》。这首《梦天》诗共八句(全诗附后),写诗人梦入月宫,神游仙境,所见新奇瑰丽的景象。此文节选诗的后四句。这后四句诗寄寓了诗人对人事沧桑的深沉感慨,形象生动地体现了时空变化的辩证法。

"黄尘清水三山下,更变千年如走马",这两句是写诗人从月宫俯视人间所见。黄尘(指陆地)、清水(指大海)、三山(指蓬莱、方丈、瀛洲三座仙山)历经千年的沧桑巨变,而在天上看来却像走马一样,千年只是一瞬间。在这里,诗人运用人们能感受到的意象来写时间流逝和世事变化之快,是极具震撼力的。"遥望齐州九点烟,一泓海水杯中泻",是写诗人远望的视线聚焦在中国大地上,但见辽阔的九州大地,渺小得竟像九点烟,浩瀚的海洋如同杯中之水。在这里,诗人将空间的大小相对性形象地揭示出来。

李贺对时空运动的思考是深刻的。在这首《梦天》中，他娴熟地运用比兴手法和形象语言，营构了一个无比瑰丽而奇特的时空运动的艺术境界，不仅生动体现了诗人关于时空运动的辩证法，而且充分表达了诗人对美好理想的执着追求和对丑恶现实的鄙弃。《梦天》通篇充满浓郁的浪漫主义色彩，而这浪漫的幻想却是从现实中深厚的土壤生发出来的，其生命力是强大的。

探究宇宙之奥秘，思考人生之真谛，耗尽了李贺的心血。他在世二十七年，给这个世界留下的是瑰丽之诗和生命哲学。

附：

梦 天

李 贺

老兔寒蟾泣天色，云楼半开壁斜白。
玉轮轧露湿团光，鸾珮相逢桂香陌。
黄尘清水三山下，更变千年如走马。
遥望齐州九点烟，一泓海水杯中泻。

沧桑变化辩证法的艺术体现

——读李贺《古悠悠行》

白景归西山,碧华上迢迢。
今古何处尽,千岁随风飘。
海沙变成石,鱼沫吹秦桥。
空光远流浪,铜柱从年消。

这首《古悠悠行》,充满宇宙运行、事物变化的辩证法。

诗的开篇两句是写诗人以平静的心态观赏着日月运行。太阳依傍着西边山峦慢慢落下,一轮明月慢慢升上碧蓝的高空。昼夜循环是一种很平常的自然现象,而就是这平常的自然现象将诗人引向对浩渺时空思考的深处。"今古何处尽,千岁随风飘",诗人发问,这今来古往,哪里是开端,何处又是尽头,或许就是这悠悠不尽的时间和广袤无垠的空间是永恒的。"千岁"本是一个漫长的时间,但在诗人看来"千岁"的消逝是疾速的,就像随风飘过一样。"千岁"时间内的万物还不知要经历多少次的消长变化。

诗的后四句,阐发了诗人今古无尽、沧海桑田的观点。"鱼沫吹秦桥"和"铜柱从年消"两句，是讲秦始皇为求仙而建的石桥，汉武帝为祈求长生而铸造的铜柱，也像历史上的一切事物一样，随着时光的流逝，世事更替而销灭不存。"海沙变成石"，历经"千岁"，海沙变石山。这是诗人将"高岸为谷、深谷为陵"这一古朴辩证法命题自然地融入诗中。"空光远流浪"，诗人巧妙地将孔子借流水抒怀说的"逝者如斯夫，不舍昼夜"的名言诗化，形象地说明世上万事万物都在像江水一样，日夜不停地流逝。现在来看李贺的这句诗，也暗合了古希腊哲学家赫拉克利特主张的"万物皆流，无物常住"；尤其诗人将时间称作"空光"，将"空光"的流动比作"远流浪"，更是发人深思的时空概念。

　　探索宇宙之奥秘，思考沧桑之变化，是李贺诗歌的显著特点。除这首《古悠悠行》之外，还可见之李贺诗其他诸多篇章，如《梦天》中的"黄尘清水三山下，更变千年如走马"；《天上谣》中的"东指羲和能走马，海尘新生石山下"；《浩歌》中的"南风吹山作平地，帝遣天吴移海水，王母桃花千遍红，彭祖巫咸儿回死"；《金铜人辞汉歌》中的"衰兰送客咸阳道，天若有情天亦老"；《河南府试十二月辞》中的"依稀和气排冬严，已就长日辞长夜"。在《嘲少年》诗中，诗人以"海波尚变为桑田，荣枯递转急于箭"这一哲学思想，劝导人们珍惜时间，及时努力，有志功业，警示富贵子弟切不可"只把黄金买身贵"。在古代劝学诗篇中，李贺这首《嘲少年》是极具震撼力的。

　　李贺虽无哲学专著问世，但在他的诗歌中体现出的今古无尽、空光远流、沧海桑田、变化无穷的思想是颇具深度的，在一定程度上反映了客观事物发展变化的规律。唯物论辩证法认为，世界是永恒运动着的物质世界。运动是物质不可分离的根本属性。物质的任何一种形态都处于运动中，"科学的全部成就都证明，物质世界的一切处在永不停息的运动变化中，整个宇宙从微观世界到宏观世界，从无机物到有机物，从生物界到人类社会无一不在运动着，无时不在发展变化着"。（艾思奇主编《辩证唯物主义历史唯物主义》，人民出版社1978年版，第37页）我们或许感受不到《古悠悠行》中的"千岁随风飘"，但现代科学（包括社会科学）每时每刻都在传递着世界快速发展变化的信息，如全球气候变暖给小小寰球带来的巨大变化已初见端倪。

火烧赤壁成功决定作用在内因

——读杜牧《赤壁》

折戟沉沙铁未销,自将磨洗认前朝。
东风不与周郎便,铜雀春深锁二乔。

杜牧(803~852),字牧之。京兆万年(今陕西西安)人。唐代诗人,26岁中进士。有《樊川诗集》。

诗人杜牧说:我在沙滩上发现了一柄古战场上的折戟,残铁还没有被时光销蚀,经清洗斑斑锈迹,辨认出那是赤壁大战的兵器。如果在那场惊心动魄的鏖战中,周瑜不是得天时借助于东风,那么战争的结局或许是吴国失败,曹操把二乔掳走,锁在深深的铜雀台了。

赤壁之战是中国历史上以少胜多、以弱胜强的战例。吴国作为弱国,要胜曹魏,需要有诸多方面的条件,在赤壁之战这一战役中,采用的又是火烧战船战术,借助东风就成了至关重要的条件。诗人为强调借东风的重要性,采用了逆向思维,大胆提出了一个与历史事实相反的假设:如果"东风不与周郎便",火烧赤壁谋略就会化为泡影,周瑜就会惨遭失败,吴国就会灭亡，娇妻就会被他人掳走。诗人在这里把"借东风"放到了决定赤壁之战成败的第一位置。

杜牧的这首诗提出了一个哲学问题，这就是如何看待事物发展变化的内部条件（内因）和外部条件（外因）的关系。诗人强调"借东风"这一外部条件在赤壁之战中的作用无疑是正确的。但从哲学上讲，"借东风"却不是事物变化的首要原因。辩证法认为，事物发展变化的内因和外因不是居于同等地位的。事物的内在矛盾是事物发展的第一性的原因，而事物的外部联系是第二性的原因，"外因是变化的条件，内因是变化的根据，外因通过内因而起作用"。（《毛泽东选集》第一卷，人民出版社1991年版，第302页）内因是变化的根据丝毫不削弱外因的作用，"外因对事物的发展有或大或小的影响，有时可以起很重大的影响，甚至于在一定范围内和一定情况下也能起决定的作用，但外因的任何影响都必须通过内因才能起作用，所以归根结底来说，事物发展的最后决定作用是在于内因，而不是在于外因"。（参见《艾思奇文集》第二卷，人民出版社1983年版，第566页）赤壁之战成功的根本原因，著名军事理论家郭化若在他研究古代战例的文章中有过明确的论述，他说："这一战例说明了一个道理：孙权刘备能战胜曹操的根本原因是吴蜀联合，联合则胜，分裂则亡。于是我写了《赤壁之战及其对民族抗战的启示》一文，着重指出了当时曹操八十万大军南下攻吴，若吴蜀不实行联合，则必然为曹军各个击破。

由于孙权联合刘备，又采取正确的火攻战术，方在赤壁大败曹军。"（参见董志新著《毛泽东读三国演义》，上海人民出版社2001年版，第228页）这一评论有力地说明，"火烧赤壁"成功最终起决定作用的是内因——战略上的孙刘联合。

家国兴亡自有时

——读罗隐《西施》

家国兴亡自有时,吴人何苦怨西施。
西施若解倾吴国,越国亡来又是谁?

罗隐(833~910),原名横,字昭谏,杭州新城(今富阳)人。唐代文学家。诗集有《甲乙集》。

据传,西施本是诸暨县苎萝山下的一个农家女,天生丽质,婀娜多姿。越王勾践知吴王淫而好色,采纳范蠡计,将西施献给了吴王夫差。后越王灭吴。对于这段历史,一些诗文把吴亡的根由归之于西施。罗隐这首小诗的独到之处,就在于冲破传统观念,摒弃历史偏见,抨击"女人是祸水"的论调,成为咏史诗中的佳品。

"家国兴亡自有时,吴人何苦怨西施",开篇即立论,亮出观点:王朝的兴衰存亡自有其时势发展的必然规律,其原因是复杂而深刻的。越王勾践施行卧薪尝胆、待时再起的计谋,西施又知多少?吴国灭亡,越王计谋尽人皆知,又怎么能把亡吴归咎于西施这样一个弱女子?这不是在用"祸水论"伎俩嫁祸于女子，而推卸统治者的罪责吗？

"西施若解倾吴国，越国亡来又是谁"，这后两句不从正面论述，而运用以退为进的手法设问：如果有倾城倾国姿色的西施真能颠覆吴国，那么，在不长的时间后，越国灭亡了，这又该怪罪谁呢？这不是又要由一个女子为亡越来当替罪羊吗？诗人的发问直把"祸水论"逼进了死角，其批判的矛头直指封建王朝的统治者。"又是谁"三个字，暗示吴国的灭亡、越国的灭亡，其统治者是难辞其咎的。

这首小诗，立论精深，逻辑严谨，极富辩证思想。诗中提出的"家国兴亡皆有时"，不把国家兴亡完全归于个人的作用，这是符合唯物史观的，也是难能可贵的。

继罗隐写这首《西施》之后，五代时期的女诗人花蕊夫人在《述国亡诗》中，以女子身份痛斥后蜀君臣荒淫误国、屈辱投降事，严辞抨击"女祸亡国论"，其诗曰："君王城上竖降旗，妾在深宫哪得知？十四万人齐解甲，更无一个是男儿。"其批驳的锋芒何其尖锐！那些鼓噪"女祸亡国论"之徒，怎知受害者又是何等地为其羞愤！真可谓喜笑怒骂皆文章，花蕊夫人骂得痛快！她的这首诗如同罗隐《西施》一样，内中都折射出一种惊人的论辩力量和非凡的辩证思维之光。

畏之途不生于所畏而生于易

——读杜荀鹤《泾溪》

泾溪石险人兢慎，终岁不闻倾覆人。
却是平流无石处，时时闻说有沉沦。

杜荀鹤（846～904），字彦之，自号九华山人，池州石埭（今安徽石台）人。唐末五代诗人。四十六岁才中进士，后来任五代梁太祖朱温的翰林学士，任后仅五日而卒。有《唐风集》。

这首小诗，通过形象简洁的语言表达了在一定的条件下，事物内部矛盾的双方向其对立面转化的辩证法。

诗的前两句"泾溪石险人兢慎，终岁不闻倾覆人"，是讲险处使人警惕。泾溪的水下，暗礁危石，错综复杂，更有急流险滩。在这样的航道险恶的条件下行驶，人们精神高度集中，处处谨慎，遇事会灵活处置，常常能化险为夷，平安驶过。诗的后两句"却是平流无石处，时时闻说有沉沦"，是讲平流处易使人大意。波平浪静，无暗礁石险，水流平缓，航行的客观条件好，主观上却易放松警惕，滋生麻痹心理，不察险情，突然事发，导致船翻人亡。

诗中写的是行船的具体事例，但在这些具体事例——矛盾的特殊性中包含了矛盾的普遍性，也就是其理具有普遍意义，从而告诉人们，要居安思危，凡事都要谨慎，越在顺利的时候，越要保持清醒的头脑。矛盾的转化，条件是十分重要的。

在晚唐诗坛上，杜荀鹤和同时的罗隐等诗人，在诗歌创作上受中唐诗人刘禹锡的影响颇深。刘在他的一篇哲学散文《儆舟》中，就以乘船遇险为例，借舟的浮沉、安危，说明祸福是对立的，又是互相依存、互相转化的道理，发出了警世之叹："畏之途果无常所哉，不生于所畏，而生于所易也。"杜荀鹤这首具有辩证内涵的《泾溪》，或在某种程度上受刘文影响。

旧有事物消逝时总会有新事物出现

——读晏殊《浣溪沙》

一曲新词酒一杯，去年天气旧亭台，夕阳西下几时回？

无可奈何花落去，似曾相识燕归来，小园香径独徘徊。

晏殊（991～1055），字同叔，抚州临川县（今江西南昌）人。北宋政治家、文学家。晏殊是宋词的先驱，流传后世的是一部《珠玉词》。

这首《浣溪沙》是晏词中的一篇佳作。词以委婉、细腻的笔触，抒发对时光流逝、人事变更的惆怅落寞情怀，蕴含的哲理和艺术给了人们有益的启迪。

词的上片，"一曲新词酒一杯，去年天气旧亭台，夕阳西下几时回？"这是写词人对时间流逝的特别感受。暮春天气如往年，亭台楼阁如旧时，对酒听歌如他日，似乎生活中的一切都依旧。夕阳西下几时回？太阳落山的视觉形象使诗人感受到时光的流逝，触发了对时空和时空中事物变化的哲理思考：时光总是在人们不觉时迅速流逝，事物有来时，也必有去时，宴席有聚时也必有散时。

"无可奈何花落去，似曾相识燕归来"，词人伤春之情凝结在"落花"和"归燕"两种景致上。当将夕阳西下、时光流逝、花儿凋落与翩翩归来的飞燕联系起来，词人对宇宙人生的思考无疑进到一个更深层次，这也就是这首《浣溪沙》小词给人的哲学启迪：时空运行的每一个点上，那些必然要消逝的事物总是要消逝的。在那些事物消逝的同时，又会有某些事物再现，但此时再现的事物，已非彼时之事物，必然消逝的事物和必然重现的事物都是无法阻止的。

晏殊这首小词，因其包含哲理，有朴素辩证法元素渗透其中，加之浑成天然，音韵谐婉，句子流利而含蓄，意境淡雅而幽远，为历代传诵而不衰。

相马要领是得其精而忘其粗

——读欧阳修《长句送陆子履学士通判宿州》(节录)

古人相马不相皮,瘦马虽瘦骨法奇。
世无伯乐良可嗤,千金市马惟市肥。

欧阳修(1007～1072),字永叔,庐陵(今江西吉安)人。北宋著名诗人,官至枢密副史。有《欧阳文公集》。

这里节录《长句送陆子履学士通判宿州》的前四句,可独立成篇。大意是,古人选良马并不只是看健壮的外表,瘦马虽瘦,但骨法神奇。世上没有伯乐时,买瘦的良马往往会受到世人的嗤笑,人们都不惜花重金去买肥马。

"伯乐相马"是我国古代有名的一则寓言故事,既见之于典籍,又广泛流传于民间。欧阳修将其引入诗中,并予以解读,形象地体现了故事中的精微哲理。

"古人相马不相皮,瘦马虽瘦骨法奇",在诗的开篇两句中,诗人就点出伯乐相马的高明之处在于辨识千里马的"骨法",而不是只看马的毛色,更不挑肥弃瘦。句中的"骨法奇"是指千里马的骨法必定有着比一般马匹奇妙的地方,只有像伯乐这样有着丰富相马经验的人才能洞察其精微。李贺有一首诗描述瘦马骨法奇。诗曰："此马非凡马，房星本是星。向前敲瘦骨，犹自带铜声。"用"敲瘦骨"听"铜声"，来鉴别和验证良马的内在品质，真把伯乐相马写得妙绝了。

这四句诗给人们的辩证启示是，观察事物要区分粗精、表里和内外，抓住事物主要的、内在的本质特征。《列子·说符》中伯乐称赞九方皋相马奥妙："若皋之所观，天机也。得其精而忘其粗，在其内而忘其外。见其所见，不见其所不见；视其所视，而遗其所不视。若皋之相者，乃有贵乎马者也。"也在告诉人们：看问题要抓住事物本质，不能被表面现象迷惑。

防腐的辩证法

——读梅尧臣《彼鸳吟》（节录）

断木喙虽长，不啄柏与松。
松柏本坚直，中心无蠹虫。
广庭木云美，不与松柏比。
臃肿质性虚，圬蝎招猛觜。

梅尧臣（1002～1060），字圣俞，宣州宣城（今安徽宣城）人。北宋诗人。一生穷困不得志，至中年后始获赐进士出身，授国子监直讲。有《宛陵先生文集》。

这是《彼鸳吟》一诗中的前八句（全诗附后）。诗人运用比兴手法和浅显语言讲述了防腐的辩证法。

"断木喙虽长，不啄柏与松"两句提出了一个有趣的问题，啄木鸟为什么偏不啄松柏木？它有着又硬又尖的长嘴，能直接插入木穴，也可用来敲击树干，将树内蠹虫逼出来杀死，但在松柏面前，它的这些本领就无用武之地了。这两句为后面论点的提出做了铺垫。"松柏本坚直，中心无蠹虫"，这两句是讲，松柏本质上就是坚硬的，木中心是不容易生蠹虫的，不像庭院中那些花木"臃肿质性虚",易生病,易生虫。这四句强调林木是否生虫取决于本身品质。

以虫生为喻,提醒人们防腐败、防祸害产生的论述多见于古文。先秦《荀子·劝学》中说"肉腐出虫,鱼枯生蠹";《韩非子·亡征》中说"木之折,必通蠹,墙之坏必通隙";宋朝苏轼《范增论》中说"物必先腐也,而后虫生之"。《彼鸳吟》中的这几句诗就是此类警语的诗歌化。

从哲学原理上讲,梅尧臣的这几句诗涉及内因和外因的关系。唯物辩证法认为,事物的发展是内外因共同作用的结果,"外因是变化的条件,内因是变化的根据,外因通过内因而起作用"。(毛泽东《矛盾论》)松柏因内在本质坚强而不生虫,人亦如此,有良好品质的人因树立了牢固的正确的人生观而能经得起任何不良风气的诱惑。人的身体亦如此,自身抗病能力强,就不会轻易得病,这就是中医理论讲的,"正气存内,邪不可干"。

附:

彼鸳吟

梅尧臣

断木喙虫长,不啄柏与松。

松柏本坚直，中心无蠹虫。
广庭木云美，不与松柏比。
臃肿质性虚，圬蝎招猛觜。
主人赫然怒，我爱尔何毁。
弹射出穷山，群鸟亦相喜。
喁呼弄好音，自谓得天理。
哀哉彼鸷禽，吻血徒为尔。
鹰鹯不博击，狐兔纵横起。
况兹树腹怠，力去宜滨死。

逸乐无度与祸双

——读王安石《金陵怀古四首（其一）》

霸主孤身取二江，子孙多以百城降。
豪华出尽成功后，逸乐安知与祸双？
东府旧基留佛刹，后庭余唱落船窗。
黍离麦秀从来事，且置兴亡近酒缸。

王安石（1021～1086），字介甫，抚州临川（今江西抚州）人。初任地方官，宋熙宁二年（1069）被宋神宗升为参政知事，此年拜相。晚年退居金陵，以吟咏著述为事。有《临川先生集》。

王安石晚年写的这首诗，在概括金陵王朝兴衰存亡经验教训的基础上，提出"豪华出尽成功后，逸乐安知与祸双"的见解，使这首咏史诗的立论包含了深刻的辩证哲理。

诗中论证依据丰富的历史事实，颇具缜密的逻辑力量。依据一：以金陵基业创建其后的继承者相继丧失政权印证。"霸主孤身取二江，子孙多以百城降"，取得二江建都金陵的开国君主，白手起家，创建基业。而他的继承者却将国家的安危置于脑后，一味追求逸乐，奢侈淫靡，横征暴敛，以致民心尽失，一朝兵临城下，即献城投降。依据二：以南朝旧事印证。"东府旧基留佛刹，后庭余唱落船窗"，金陵城东府曾是东晋骄奢淫逸的会稽王司马道子的府第，现在已是废墟一片，仅剩下几间寥落的佛寺。那终日沉浸于纸醉金迷和淫靡之音中的陈后主，终成亡国之君，他谱写的商女唱的《玉树后庭花》遗曲，在秦淮河上那些酒船歌女还有人传唱。依据三：以历代王朝兴亡更替论之。"黍离麦秀从来事，且置兴亡近酒缸"，《黍离》《麦秀》这两首诗歌，只是为千百年国家兴亡发出的哀叹，于事无补。从金陵一个个小王朝的兴衰更替，上溯到商周，骄奢淫逸，朝政腐败，民心尽失而一个个灭亡。历史的悲剧总是不断轮番上演着，这都不会是偶然的，或许有它的必然性。作为政治家的王安石开始思考：历代王朝的政权的兴衰存亡是有内在规律的。

这首咏史诗，吟出"豪华尽出成功后，逸乐安知与祸双"，意在告诫北宋统治者要以史为鉴，居安思危，避免重蹈历史覆辙。从辩证法的角度看，这两句诗说明矛盾着的双方依据一定的条件会向着其相反的方面转化，建都金陵的王朝在成功取得政权后，其子孙们丢弃了创业的精神，一味追求奢侈淫靡的生活，逸乐无度、朝政荒废，最终必然走向成功的反面。

王安石在这首诗中的"豪华出尽成功后，逸乐安知与祸双"句，与唐代著名诗人李商隐《咏史》诗中"历览前贤国与家，成由勤俭败由奢"句，都是对历代王朝兴亡经验教训的高度概括，从人类历史发展的高度看，勤劳简朴在任何时候都是美德，是人们应有的精神，而骄奢淫逸、贪污腐败是丑恶的，必被历史遗弃。

人生有限宇宙无穷的辩证观

——读王安石《即事六首（其六）》

> 日月随天旋，疾迟与天谋。
> 寒暑自有常，不顾万物求。
> 蜉蝣蔽朝夕，蟪蛄疑春秋。
> 渺渺万古历，回环今几周。

这首诗，意境高远，寓理深邃，通篇充满辩证法。诗作者王安石的辩证法思想有一个鲜明的特点，就是肯定物质是运动的、变化的，并承认规律的客观性。《即事六首（其六）》，在一定程度上表达了他对事物运动变化规律客观性、对人类主观能动作用的深度思考和认识。

"日月随天旋，疾迟与天谋"，在诗人看来，太阳和月亮都是循着自然的规律运转的，或快或慢也都是取决于自然界自己的规律。"随天旋""与天谋"，说明日月的运行与整个宇宙的运行是紧密联系着的，前者是受后者所制约的。同样的道理，寒来暑往，四季更替，也是自然界事物在运动过程中表现出的自身所固有的本质联系，不是外力能抗拒的。

诗的后四句，诗人将关注点放在自然界的生物上。"蜉蝣蔽朝夕，蟪蛄疑春秋"，诗人认为，这些朝生夕死的小动物也是在自然规律的作用下新陈代谢着。"蜉蝣"句和"蟪蛄"句，语本《淮南子·说林》和《庄子·逍遥游》，含有人生有限的思想，王安石用以说明思维着的人类不能做规律的奴隶，不能像那些小生物完全被动地、周期性地生生死死。"渺渺万古历，回环今几周"，这两句承接前两句，从描述自然界小生物推及人类，从渺茫万古历史到无穷宇宙，探求事物辩证发展的奥秘，究其人生的意义。"在这里诗人不是哀叹人生有涯，生命短暂，而是要从自然生命现象中，反思人类的创造精神。"（徐应佩主编《历代哲理诗鉴赏辞典》，湖北教育出版社1994版，第44页）

这首绝句，形象体现了诗人提出的"天变不足畏""新故相除""继天道而成性"（意为不受天命支配）的哲学思想。诗人既为他推行新法鼓而呼之，又表达了在有限生命内最大限度发挥主观能动性、干成一番事业的决心。人，不能像没有思维能力朝生夕死的小生物那样度日，这就是人生有限、宇宙无穷的辩证观。

寻常和奇崛的艺术辩证法

——读王安石《题张司业诗》

> 苏州司业诗名老，乐府皆言妙入神。
> 看似寻常最奇崛，成如容易却艰辛。

王安石这首诗赞扬了唐代诗人张籍创作乐府诗的实绩，阐发了自己对诗歌创作的主张，阐释了平淡与奇崛的艺术辩证法和艺术创作中成功与艰辛的辩证关系。

"看似寻常最奇崛"，这句诗是从艺术上对张籍诗作的评价。张籍是中唐新乐府诗运动的积极推动者。诗歌反映社会现实，批评时政，风格清新自然，用语平淡简易，带有民歌风味，构造意境多奇崛。王安石以"看似寻常最奇崛"来评价张诗是精当的。诗中讲的"寻常"不是一般意义上讲的"寻常"，而是与奇崛有着紧密联系、在简朴的外表下隐含着奇崛内容的"寻常"。寻常与奇崛是对立统一的。这首诗所讲的"寻常"，往往是艺术家终生追求的一种艺术境界。宋代葛立方《韵语阳秋》卷中说："大抵欲造平淡，当自组丽中来，落其华芬，然后可造平淡之境。"这几句话道出了平淡之境、看似"寻常"之境，实是经历了一个否定之否定的过程。姜耕玉著《艺术辩证法》中说:"传世之作,看似平常,实则必有奇光异彩,不可以平常视之","艺术家的本领就在于能够从'常'中发现'非常',从'平'中发现'奇'。奇,蕴藏于平常之中,只要看好平常,善于作深入的观察和发掘,就会不断有新的发现"。这段话可看作是对"看似寻常最奇崛"这句诗的清晰、恰当的解析。

"成如容易却艰辛",其意是指创作新乐府诗看似容易,其实是非常艰辛的。王安石作为宋代著名诗人、哲学家,对创作之艰辛是有着亲身体验的。他深知张籍的创作风格平淡自然,通俗易读,这会被社会认为写乐府诗是件很容易的事。他以哲人的智慧告诉人们,张籍的诗都是呕心沥血、千锤百炼创作出来的,经历了一个无数次成功与失败的艰苦创作过程,个中味自知。

"看似寻常最奇崛,成如容易却艰辛",这两句诗在很大程度上体现了艺术创作的精神,诗中阐释的艺术辩证法,使这首诗更具艺术生命力。

物质世界一切都处在永不停息的运动中

——读王安石《九井》（节录）

山川在理有崩竭，丘壑自古相虚盈。
谁能保此千秋后，天柱不折泉常倾。

"九井"系指坐落在宿松县西北地区的九井沟，九井沟的溪水源于天柱峰。王安石任舒州（今安徽潜山）通判时，曾游览九井沟，领略了九井沟的壮丽景观，即兴创作了《九井》这首诗。本文节选《九井》的最后四句（全诗附后）。

这四句诗的前两句"山川在理有崩竭，丘壑自古相虚盈"，从一个侧面体现了诗人的宇宙观。他认为，山川有生成的时候，也有崩竭的时候，丘陵和深谷自古以来就处在相互转化中。"谁能保此千秋后，天柱不折泉常倾"，诗人运用反语句，强调自己提出的观点是不容置疑的。

王安石认识到世界上没有永恒不变的东西，其观点是朴素的，也是辩证的。辩证唯物主义认为，运动是物质的根本属性。物质世界的一切都处在永不停息的运动中。整个宇宙，从微观世界到宏观世界，从无机物到有机物，从生物界到人类社会，无一不在运动着，无时不在变化、发展着。1964年8月24日，毛泽东与周培源、于光远等学者谈哲学时运用自然科学最新成果，在自然辩证法方面提出了许多精辟的见解，他说："一切个别的、特殊的东西都有它的发生、发展与灭亡。每一个人都要死，因为他是发生出来的。人类也是发生出来的，因此，人类也会灭亡。地球是发生出来的，地球也会灭亡。不过，我们说的人类灭亡、地球灭亡，同基督教讲的世界末日不一样。我们说人类灭亡、地球灭亡，是说有比人类更进步的东西来代替人类，是事物发展到更高阶段。"他还说，"什么东西都是既守恒又不守恒。本来说宇称守恒，后来在美国的华裔科学家李政道和杨振宁发现，至少在基本粒子弱相互作用的领域内，宇称并不守恒。质量守恒，能量守恒，是不是也这样？世界上没有绝对不变的东西。变，不变，又变，又不变，这就是宇宙的发展。既守恒，又不守恒，这就是既平衡又不平衡，也还有平衡完全破裂的情形。……世界上一切都在发展变化，物理学也在发展变化，牛顿力学也在发展变化。世界上从原来没有牛顿力学到有牛顿力学，以后又从牛顿力学到相对论，这本身就是辩证法。"（《毛泽东文集》第八卷，人民出版社1999年版，第392页）

附:

九 井

王安石

沿崖涉涧三十里,高下荦确无人耕。
扪萝挽茑到岩趾,仰见吹泻何峥嵘。
余声投林欲风雨,末势卷土犹溪坑。
飞虫凌兢走兽骇,霜雪夏落雷冬鸣。
野人往往见神物,鳞甲漠漠云随行。
我来立久无所得,空数石上菖蒲生。
中官系龙投玉册,小吏磔狗浇银觥。
地形偶尔藏险怪,天意未必司阴晴。
山川在理有崩竭,丘壑自古相虚盈。
谁能保此千秋后,天柱不折泉常倾。

除旧布新的颂歌

——读王安石《元日》

爆竹声中一岁除,春风送暖入屠苏。
千门万户曈曈日,总把新桃换旧符。

元日,指正月初一,是农历新年第一天,诗人笔下的元日,是喜庆迎春的日子,是驱赶邪恶祈求平安的日子,更是颂扬变法实施的日子。除旧布新是《元日》一诗的基调:

一阵阵的爆竹声送走了旧的一年,
春风送来了阵阵暖意,
人们畅饮着醇美的屠苏酒,
感受着春天带来的清新气息。
千家万户沐浴在新春初升的太阳光辉中,
喜气洋洋地忙碌着,
将新的桃符挂在门上驱鬼避邪,
期盼着新的一年五谷丰登,国泰民安。

这首《元日》诗主旨鲜明，寄寓深刻，表明了诗人在政治上变革图强的坚定信念和对变法必胜的决心。诗的前两句"爆竹声中一岁除，春风送暖入屠苏"，呈现的是"元日"万物复苏，生机无限，家家户户以饮屠苏酒祛除瘟疫，到处洋溢着喜庆的气象。"千门万户瞳瞳日，总把新桃换旧符"，这两句是讲，初升的太阳灿烂辉煌，整个神州大地上，到处都在更新对联、辞旧迎新。这里既写出诗人因变法得以实施而欢快的心情，又极形象地说明新生的力量总要代替旧有力量，暗示推行新法是顺应历史潮流的，不管以司马光为代表的守旧派如何阻挠，都是徒劳的。

被列宁称为"中国十一世纪时的改革家"的王安石，能够在政治上提倡变革，推行新法，从思想上讲，他有着坚实的哲学基础，即朴素的唯物主义和辩证法。他在一定程度上丰富和发展了中国传统辩证法某些范畴，从"天道尚变"的观念出发，指出无论是自然界还是人类社会都处于永不停息的运动变化的过程；尤其是，他深入地探索事物运动变化的内在原因，提出了万物"皆各有耦，耦之中又有耦"的卓越见解，指出事物运动变化在于事物矛盾的对立统一，矛盾中又包含了矛盾，由此万物变化无穷。在变法革新的实践中，王安石进而提出了"新故相除"的观点，认为"新故相除"不仅是自然法则，而且也是社会法则。他在《字说》中说得更明确："有阴有阳，新故相除者，天也；有处有辨，新故相除者，人也。"

王安石创作的这首《元日》和《次韵冲卿除日立春》是姊妹篇，都称得上新法推行的战歌。《元日》中的"千门万户曈曈日，总把新桃换旧符"，《除日立春》中的"物以终为始，人从故得新"，都是"新故相除"辩证法的诗性表达。

附：

次韵冲卿除日立春

王安石

犹残一日腊，并见两年春。
物以终为始，人从故得新。
迎阳朝翦彩，守岁夜倾银。
恩赐随嘉节，无功只自尘。

施政要讲辩证法

——读王安石《和吴御史汴渠》

郑国欲弊秦，渠成秦富强。
本始意已陋，末流功更长。
惟汴亦如此，浚源在淫荒。
归作万世利，谁能弛其防。
夷门筑天都，横带国之阳。
漕引天下半，岂云独荆扬。
货入空外府，租输陈太仓。
东南一百年，寡老无残粮。
自宜富京师，乃亦窖盖藏。
征求过夙昔，机巧到筳芒。
御史悯其然，志欲穷舟航。
此言信有激，此水存何伤？
救世讵无术，习传自先王。
念非老经纶，岂易识其方。
我懒不足数，君材宜自强。
他日听施设，无乃弃篇章。

这首诗的写作题材较少见，颇有些政务处理的色彩。时任谏官的吴充，看到北宋大地主、大官僚集团利用汴河交通运输便捷的条件，在东南一带大肆搜刮民脂民膏，其疯狂程度到了无以复加的地步，特写《汴渠》一诗送王安石，王安石写此诗作答，诗中体现出一种政务决策的辩证法。

首先，此诗以历史的、辩证的观点看待古人兴修水利事。为使这一观点更具说服力，诗人运用了两个事例。一是，战国时的郑国为阻止秦国进攻而设计开渠，而渠开成后，秦国反得大利，为后来秦国的富强创造了条件。第二例是隋朝汴河的开凿，诗中曰"惟汴亦如此，浚源在淫荒。归作万世利，谁能弛其防"，意思是说，汴河的开凿工程与郑国的开渠是一样的，其开渠主观意图本不是为民，而开凿成功却成万世之利。隋炀帝开渠的目的是供游乐，满足自己淫奢生活欲望。而结果是，运河开通，南北水系勾连，航运贯通半个中国。诗人认为，不管是郑国开渠，还是隋时汴河的开凿，都是古代劳动人民用血汗和智慧铸成的宏伟工程，"归作万世利"，是谁也不能将其毁坏的。

其次，敢于正视豪强在东南一带疯狂掠夺的丑恶现实，明确问题的出现在人事，与汴水无关。诗中大篇幅描述了豪强在东南一带巧取豪夺的情景，进京财物源源不断流入豪门，而国库又极度亏空。王安石十分重视吴御史反映的情况，明确指出汴河流域人民的疾苦是由于国家政治腐败造成的。

再次，权衡利弊，作出决断，劝说吴充放弃堵塞运河的想法。"御史悯其然，志欲穷舟航。此言信有激，此水存何伤？"其意是说，吴御史面对现实中这种状况，既伤心又着急，这种精神实属可贵，而提出堵塞汴河的主张，未免过于偏激了。汴渠的存在有什么害处呢？诗人决策的依据本已包含在前面"归作万世利，谁能弛其防"句中了。

复次，提出要求，部署任务。诗人希望有政治才能的吴充制订新的切实可行的措施除弊，既要确保汴渠航运通达，又能遏制豪强掠夺。"我懒不足数，君材宜自强"，从施政角度看，讲得很有力度，这就是：治理措施，一经议定，就要果断实施，不得犹豫。用现在话说，会上议定的事，会后要抓紧落实。

最后，预先打招呼，择日听取落实情况。因是诗，表达婉转。最后两句，"他日听施设，无乃弃篇章"，可直译为：他日我听取您落实的情况，不会偏离我今天讲的吧！

因果联系写梅花

——读王安石《梅花》

墙角数枝梅，凌寒独自开。
遥知不是雪，为有暗香来。

王安石晚年罢相隐居金陵，心境恬淡闲适。这是那时写下的一首简洁的五绝。诗中曰：在一个墙角的下面，有数枝梅花，正冒着严寒独自开放，我在远处也可断定，那是梅花而不是雪，因为嗅到了梅花那淡淡的香味。

这首小诗写得清新、自然，揭示了事物因果联系的辩证法。梅花在严寒的冬季绽放，与雪花天然相伴，两者的色彩都是晶莹洁白的。诗中的"遥"是远距离意。诗人在距离墙角那么远的地方，怎么就能断定墙角处似雪又似梅的洁白之物不是雪而是梅花"这个果"呢？是基于梅花绽放能散发出清香，诗人是凭借暗暗飘动过来的梅香"这个原因""遥知"的，而雪是没有香味的。

从哲学原理上讲，因果联系是客观事物本身固有的一种普遍的联系，事物总是有因有果的，在客观世界中无原因的结果和无结果的原因都是不存在的。诗人就是遵循此理，从结果寻到原因，从原因捕捉到结果。

王安石的这首《梅花》五绝，既具哲理美，又具艺术美。诗人以互为因果联系的两句诗写梅花，既写出了梅花高洁的品格，又突现了梅花傲霜雪、抗严寒的坚强精神。"为有暗香来"，梅花的清香从很远处暗暗飘动过来，这是何等美的意境，这意境又使人们很自然地联想到"不经一番风霜苦，那得梅花放清香"的人生哲理。

前进的路径不是直线式

——读王安石《江上》

江北秋阴一半开,晚云含雨低徘徊。
青山缭绕疑无路,忽见千帆隐映来。

王安石晚年寓居金陵钟山,这首七绝就是写他一次江上行舟的经历和感受。

时值秋天的一个傍晚,远望江北阴云半开,光线不是很明亮,一团团含雨的暮云低空缓缓移动,忽明忽暗。江边青山纠结盘曲,迎面而来,好像要挡住诗人前行的路,正疑惑无路时,舟随江流,江面忽然开阔起来,帆影点点,忽隐忽现,正从前方驶来。

"青山缭绕疑无路,忽见千帆隐映来"两句,是写江行的感受。诗人借景喻理,在富有变化的景物描述中暗含了对事物变化发展的思考和对人生道路的辩证体悟。"青山缭绕"深层含义是指前行的路是盘旋曲折的;"千帆隐映来"意谓前途是遥远的,又总是充满希望之光的。诗人推行变法革新措施屡屡受阻,两次被罢相,而他不因一次次的挫折而失去信心,坚信事物是运动变化的，社会是不断发展的。

唯物辩证法认为，事物的发展是前进性和曲折性的统一。"事物前进、上升的途径不是直线式的，而是迂回曲折的。"（参见王伟光主编《照辩证办事》，人民出版社、中国社会科学出版社2014年版，第171页）这首绝句中蕴含了这一辩证思想的萌芽。

《江上》诗的创作可谓匠心独运，历经锤炼。诗人巧妙地运用动与静、光与色的变化等多种艺术表现手段，寓哲理于动态景物的描述中，实现了艺术和哲理的高度融合，深邃的哲理增强了诗的艺术感染力和生命力，高超的艺术拓宽了人们想象的空间。

深思新故相除之理　　排遣晚境兴废之愁
——读王安石《午枕》

> 百年春梦去悠悠，不复吹箫向此留。
> 野草自花还自落，鸣鸠相乳亦相酬。
> 旧蹊埋没开新径，　朱户欹斜见画楼。
> 欲把一杯无伴侣，眼看兴废使人愁。

　　王安石的这首诗写的是他晚年退居江宁后，对自然界和社会新陈代谢规律的深度思考。

　　诗的首联"百年春梦去悠悠，不复吹箫向此留"，这是写诗人有午睡的习惯，睡的时间虽短，但梦中经历百年之久。梦中情景没有交待，但"去悠悠"透出的信息耐人寻味。诗人晚年居金陵秦淮小宅，过着俭朴、清淡的生活，与外界少有交往，终日与山水为邻，与花鸟为伴。在此期间，他创作了不少清新雅丽、精深华妙的诗词。作为忧国忧民的政治家、思想家而出现在北宋历史舞台上的他，曾两度执政，大力倡导并倾其全部精力推动变法运动，历经人世沧桑。晚年进钟山闲适环境，其意更在于充分利用余年这有限的时间，静下心来回顾变法走过的路，深入思考变法的哲学思想基础，在更高层次上探索历史发展的规律。

诗的颔联展现出一派生机勃勃的自然景象：野草自然生长，花儿自开自落，鸟儿互相唱和，相乳相酬。"野草""鸣鸠"这些意象往往会触发人们孤寂的心情，但是对自然规律的客观性有着清醒认识的诗人，看到这种景象反倒使他受挫折的心灵得以慰藉。"野草自花""鸣鸠相乳"，新陈代谢，大自然生生不息，这其中的道理本就是诗人经常喜于思考的。

颈联"旧蹊埋没开新径"句承接上联"野草"句，讲述旧有的小路荒废了，总要开辟新径。这句诗颇具辩证内涵，它强调了新生的事物对旧有事物的取代。王安石认为，变法如同世界上其他新生事物一样，不会是一帆风顺的，而是曲折前进的，有时要遭遇挫折和失败。他是有这个思想准备的，尽管是痛苦的；但他坚信，变法革新是符合历史发展规律的，遭遇挫折是暂时的。"朱户敧斜见画楼"这句诗描写的景物看似平常，但忧国忧民的政治家王安石从中敏锐地察觉到最令他不安的现象开始呈现出来：随着新法一一被废弃，豪强失去法的制约，官僚贪腐日盛，社会危机日趋严重。这就是王安石晚年最担忧，也是他怎么也无法承受的事——金陵兴亡的历史会在北宋重演？

尾联承接上联，吟出"欲把一杯无伴侣，眼看兴废使人愁"。这两句包含了诗人晚年孤独悲壮之情，体现了他对王朝兴亡原因的深度思考。诗人多么希望还能像往年那样与友论史怀古，探讨历代王朝兴废事！但已进入晚景的诗人，还是能清醒地面对现实，平静地写下了"眼看兴废使人愁"。

王安石退出政界后，写了不少山水诗，但也不乏艺术性极高的哲理诗。上海古籍出版社出版的《王安石诗文选评》的编撰者高克勤在书的《导言》中有一段话，对解读王安石晚年诗词很有帮助，不妨原文抄录，作本文结语：

> 作为北宋著名的政治家、思想家、文学家，王安石不仅以其文学成就彪炳千秋，而且更以其政治革新的剧烈和思想学说的创新而影响当时。王安石首先是作为一位政治家、思想家而出现在北宋的历史舞台上。他曾两度执政，倡导变法，权倾天下，在当时的地位及对后世的影响都是历代文人难以望其项背的；也正因如此，他在生前和身后都受到了大相径庭的评价。九个多世纪以来，人们对他的政绩聚讼纷纭，争论不休；而对他的文学成就，却几乎是众口一词地给予了高度评价。

世上事物都不是完美无缺的

——读苏轼《水调歌头·明月几时有》

明月几时有?把酒问青天。不知天上宫阙,今夕是何年。我欲乘风归去,又恐琼楼玉宇,高处不胜寒。起舞弄清影,何似在人间。

转朱阁,低绮户,照无眠。不应有恨,何事长向别时圆?人有悲欢离合,月有阴晴圆缺,此事古难全。但愿人长久,千里共婵娟。

苏轼(1037~1101),字子瞻,号东坡居士。眉山(今属四川)人。宋代著名诗人、文学家。宋嘉祐二年(1057)进士,先后任杭州、密州、徐州、湖州、黄州等处地方官。文学成就突出,有《苏轼全集》。

苏轼的这首中秋词写于宋熙宁九年(1076),当时他在密州(今山东诸城)任太守。词极富浪漫主义色彩,又具哲理意蕴,体现出颇具深度的辩证思维。

词的上阕是写词人在想象登月的过程中,发现人间为之赞美和向往的月宫也有不尽如人意的地方。在大自然的景物中,月亮最容易引起人们对美好事物的憧憬,对追求美好理想的词人苏轼来说，皎洁明亮的月宫自然是令他神往的地方；但真的要告别人间登上月宫常居，词人就矛盾起来了。"我欲乘风归去，又恐琼楼玉宇，高处不胜寒"，这两句是讲，词人曾去月宫那里看过，现在乘风归去，突然觉得月宫高寒清冷，寂寞难耐，那琼楼玉宇，未必适宜居住。《苏轼评传》作者王水照对苏词这几句评论说："诗人不满现实，企望天上的纯洁，但是从一个至高点上俯视天上恰如人间，同样不能圆满，同样只是一种有缺陷的美好。或许在我们视线的尽头，在令人欣羡的瑶池仙境，同样有人正怀着无比神往的心情注视着这个在我们看来如此凡庸的人间呢！"这一评论是很精当的。瑶池仙境美好，那里纯净、高洁、清丽，令人神往，但那只是人们一种美好的想象，词人还是保持着一种清醒，现实才是自己的依托。

词的下阕，是写词人对宇宙人生的哲理思考和对大自然与人类社会相互律动规律的探索。"人有悲欢离合，月有阴晴圆缺，此事古难全"，是讲人一生总是有悲愁也有快乐，总会有分离也有团聚；大自然中也是这样，月亮总会有阴有晴，有圆有缺。世界上从来就没有十全十美、圆满无缺的事。

这首词提出的世界上的事物"古难全"的观点是辩证的。辩证唯物论认为，任何事物都包含着矛盾，都是对立面的统一体。没有矛盾的事物，不是作为对立面的统一体的事物，在世界上是根本不存在的。"不圆"是绝对的，"圆"是相对的。

观察事物立足点不同所得结论不同

——读苏轼《题西林壁》

横看成岭侧成峰,远近高低各不同。
不识庐山真面目,只缘身在此山中。

《题西林壁》是历代流传不衰的诗篇。此诗不仅因描述奇险壮丽的庐山景观而著名,重要的是诗中蕴含了丰富的哲理,诗人以高超的艺术之笔写出了对庐山真面目的认识过程。

诗的前两句是对庐山形貌的描述,在形象的描述中已寄寓了诗人深沉的理性思考。"横看成岭侧成峰,远近高低各不同",庐山地貌奇特,峰险谷深,云海苍松,多姿多态,景色富于变化。诗人从动态观察景色中,发现了一种带有规律性的认识,这就是在不同的位置、不同的角度和不同的时间看庐山,获得的印象、得出的结论是不同的。这也是诗人对庐山真面目认识过程中的第一印象。"不识庐山真面目,只缘身在此山中",这后两句是前两句形象描述的理性升华。诗人感叹道,我们不能认识庐山的真面目,就是因为身处山中,视野受到局限,能看到的只是庐山的局部。人们要对庐山有个全面的认识,不仅要深入山的内部，对一道道山峰进行多角度、多层次的观察，凝聚诸多局部认识，而且还要对庐山进行立体的、全景式鸟瞰。从诗人的感言中，可见他对庐山真面目的认识是经历了一个多角度探索而达到理性认识的过程。

  这首诗是以庐山形貌说事，但诗中蕴含的认识事物的辩证法给我们的哲学启示是多方面的。归结起来就是：人们只有超越狭小范围，跳出一己局限，客观地、全面地，而不是主观地、片面地观察和分析事物，才能认清事物的本来面貌，了解事物的本质。

有美必有恶　有芬必有臭

——读苏轼《颜乐亭诗》（节录）

美者可嚼，芬者可嗅。
美必有恶，芬必有臭。

这四句摘自苏轼《颜乐亭诗》。"美必有恶，芬必有臭"两句形象揭示了事物的辩证法。

"美必有恶，芬必有臭"是讲，世界上只要有美好的事物，就一定有丑恶的事物；有芳香的东西，就一定有腐臭的东西。《颜乐亭诗》中的这两句诗取之《老子》二章中的一段话："天下皆知美之为美，斯恶已；皆知善之为善，斯不善已。"老子的这两句话，直译为：天下都知道美为美，这就（是）丑了；天下都知道善是善，这就（是）恶了。（参见李先耕著《老子今析》，中国社会科学出版社2002年版，第18页）将《老子》二章上下文联系起来，这两句话可作这样理解：天下人都知道美之为美，那是有丑的一面存在；天下人都知道善之为善，那是有恶的一面存在。王安石在《洪范传》中对此有更清晰的阐述："五行之为物，其时，其位，其材，其气，其性，其形，其事，其情，其色，其声，其臭，其味，皆各有耦……故有正有邪，有美有恶，有丑有好，有凶有吉。"王安石还进一步将美与丑、善与恶这种相反相成的关系称之"有对"。老子言、王安石文、苏轼诗都以不同表现形式说明美与丑、善与恶、香与臭都是相反相成的。

诗人肯定事物间相反相成的观点，在很大程度上符合我们今天讲的矛盾含义。辩证唯物论认为，任何事物都包含着矛盾，都是对立面的统一体。"事物之所以能成为对立面的统一体，就是由于它所包含的各对立方面是在一定条件下有机地互相联系着，互相依赖着，彼此互为存在的条件的。首先是它们是互相对立、互相排斥、互相斗争着，但由于它们在一定条件之下彼此互相依赖，由于在这样的条件下对立的一方离了对方，自己也不能存在，因此，它们就不能不共同处在统一体中，不能不作为同一事物的不同方面而存在着。没有上就没有下，没有光明就没有黑暗，没有恶不能显出善，没有丑不能显出美，反过来也是如此。"（《艾思奇文集》第二卷，人民出版社1983年版，第587页）

以乐景写哀景的艺术辩证法

——读苏轼《江城子·乙卯正月二十日夜记梦》

十年生死两茫茫，不思量，自难忘。千里孤坟，无处话凄凉。纵使相逢应不识，尘满面，鬓如霜。

夜来幽梦忽还乡，小轩窗，正梳妆。相顾无言，惟有泪千行。料得年年肠断处，明月夜，短松冈。

这首词是苏轼为悼念亡妻王弗而作。词中充满艺术辩证法。

上阕是全词的序曲。词人运用以实带虚、虚中有实、虚实相生的表现手法，抒发对亡妻的思念之情。"十年生死两茫茫"，这句以实带虚。与爱妻生死离别已经十年，想来心情是沉痛的，这是实情；"两茫茫"生死界限就模糊了，但这是诗人特有的感受，更见出夫妻相爱之深。"不思量，自难忘"反面着笔，更衬出"不思量"背后掩藏的深沉的悲苦，蓄之十年之久的思念之情，如同深层流动的炽热的岩浆不得不压抑在心底，这又能向谁诉说？"千里孤坟，无处话凄凉"，词人仿佛在自责，怎么能让自己贤淑的妻子在千里之外承受十年孤寂之苦！这是思之甚才能说出的痴情话，从中体现出的是词人无法接受已生死相隔的残酷现实。"纵使相逢应不识，尘满面，鬓如霜"，以虚带实，虚中见实。词人十年间，宦海沉浮，几经坎坷容颜憔悴两鬓如霜；十年后"相逢"，将是一种什么情景呢？词人陷入极度矛盾之中：相逢，自己这种景况必定会给她增添无尽的伤感和无法挥去的牵挂；不相逢，两相思念之苦又何以排遣。词人这一复杂情感的表达更见其自然、深挚。

下阕，记梦，是这首词的主题。词人以乐景写哀景，以无声写有声，以简约笔墨写梦中情景。"夜来幽梦忽还乡"，词人倏忽间回到了自己熟悉的故乡，回到了与十六岁妻子相会、共度甜蜜岁月的地方。"小轩窗，正梳妆"，仅仅六个字，就把最动人的一幕展现出来：她情态容貌依稀当年，正娴静地坐在小室窗前梳妆打扮。她还是那样年轻，那样美。"相顾无言，惟有泪千行"，是梦境，也是现实的映照，十年生死相隔，十年痛彻心扉的思念，又怎能用语言表达，唯有你看着我，我看着你，双方默默流泪。恍惚中他开始模糊意识到，妻子已经死去。"小轩窗"句写乐景，"相顾无言"句写哀景，词人运用以乐与哀的艺术辩证法将思念爱妻的情感发挥到极致。词的最后三句"料得年年肠断处，明月夜，短松冈"，词人运用素描手法写出的明月松冈王弗墓那凄清幽冷的景象，令人黯然魂销。

苏轼这首《江城子·乙卯正月二十日夜记梦》，在很大程度上体现了中国传统哲学中矛盾统一、相反相成的艺术辩证法，尤其从简约的白描中更可看出苏词的艺术辩证法功力。"不思量，自难忘""小轩窗，正梳妆""明月夜，短松冈"，这些短句，用笔简至不能再简，其中的诗情、诗意、诗境之深，令人回味无穷。从现代艺术哲学理论上讲，艺术辩证法反映的是客观事物的本质特征，生活中事物，人和人的思想、感情，都是在对立中求统一的。艺术的实践也不断地证明，在艺术创作中，艺术辩证法如能把握得好，往往会极大地增强艺术感染力和冲击力，有时会取得出乎意料的效果。

命运要由自己掌控

——读苏轼《泗州僧伽寺塔》（节录）

耕田欲雨刈欲晴，去得顺风来者怨。
若使人人祷辄遂，造物应须日千变。

苏轼的这首七言古诗《泗州僧伽寺塔》，写于宋熙宁四年（1071）由汴赴杭途中。这里摘录中间四句（全诗附后）。诗集中于对求神拜佛之事的评论，体现了苏轼在一定程度上对唐代刘禹锡"天与人交相胜，还相用"思想的继承。

诗的前两句，以农事对天气的需求为例，说明不同的人，在不同的时间需求是不同的，这为后面阐明观点作了铺垫。"耕田欲雨刈欲晴"，耕田的人企盼细雨绵绵滋润禾苗；收割的人又希望天气晴朗，以便晒谷，最担心遇上阴雨绵绵霉了粮食。"去得顺风来者怨"，风向不变，去者和来者感受极不相同，去者得顺风之助很是得意，来者逆风而行就抱怨不已。最后两句"若使人人祷辄遂，造物应须日千变"，诗人巧妙地点明，如果每个人都去祈祷一下，都遂了心愿，那么大自然造物一天要变上千遍。如果换一个说法，这就是，大自然每时每刻都是我行我素千变万化的，它哪回和您商量过？《泗州僧伽寺塔》诗用语虽委婉，但其意还是清晰可见的，这就是诗人在反复地劝告人们，求神拜佛是靠不住的，应把命运掌握在自己手中。

能动地认识和掌握自然规律为我所用，这是苏轼某些诗词及《苏氏易传》中体现出的积极人生观。他主张"知命者必尽人事，然后理足而无憾"。他认为，人类是能够认识规律的，循规律，尽人事，主观能动作用得到最大限度发挥，才可谓"知命"。在《次韵孔毅甫久旱已而甚雨三首》中，苏轼联系自己率民开渠引水的实践，充分阐述了这一观点。诗中有这样一段："破陂漏水不耐旱，人力未至求天全？会当作塘径千步，横断西北遮山泉。四邻相率助举杵，人人知我囊无钱。明年共看决渠雨，饥饱在我宁关天！"诗人运用非常朴实的语言告诉人们，不能靠天吃饭，要防止天旱歉收，就靠大家都动手，四邻互助，高筑堤坝，蓄积山泉，明年看到的必定是千条渠水润良田的美景。"饥饱在我宁关天"，用现在哲学语言译，这就是，天旱天涝是受大自然运动规律决定，粮食丰歉在我主观努力不在天。

苏轼是一位喜好谈禅说佛的诗人，有些诗读来总觉得有些禅味。这首《泗州僧伽寺塔》及《次韵孔毅甫久旱已而甚雨三首》等诗，却又使读者看到苏轼哲学思想的另一面，这就是谈禅而不佞佛，劝告民众要自力而不求佛。

附:

泗州僧伽寺塔

苏 轼

我昔南行舟击汴,逆风三日沙吹面。
舟人共劝祷灵塔,香火未收旗脚转。
回头顷刻失长桥,却到龟山未朝饭。
至人无心何厚薄,我自怀私欣所便。
耕田欲雨刈欲晴,去得顺风来者怨。
若使人人祷辄遂,造物应须日千变。
我今身世两悠悠,去无所逐来无恋。
得行固愿留不恶,每到有求神亦倦。
退之旧云三百尺,澄观所营今已换。
不嫌俗士污丹梯,一看云山绕淮甸。

认识论辩证法的萌芽

——读苏轼《惠崇〈春江晓景〉》

竹外桃花三两枝，春江水暖鸭先知。
蒌蒿满地芦芽短，正是河豚欲上时。

这是宋元丰八年（1085），苏轼在汴京（今河南开封）为当时著名画家惠崇所绘《鸭戏图》而作的一首题画诗。小诗写得清新、自然，呈现了早春二月的秀丽景色。

艺术源于生活，又高于生活。诗人凭借丰富的生活阅历和敏锐的眼光，捕捉冬春季节转换时最具物候特征的景物，创作出这篇极富意境美和哲理美的艺术佳作。诗中蕴含的哲理，从一个侧面体现了认识论的辩证法。

"竹外桃花三两枝，春江水暖鸭先知"，春天来了，冬天的寒气虽未完全退去，但地温、水温开始上升了，喜欢嬉水觅食的鸭子都迫不及待地跳进水中，也正是它们最先感到了春江水暖的变化。鸭子的行动十分形象地向人们说明：只有亲自深入生活实际，才能及时地、准确地获取客观事物发生的信息。

"蒌蒿满地芦芽短，正是河豚欲上时"，鸭戏水，水温上升与河豚欲上是相互联系的。桃花绽放，芦苇吐芽与河豚到江中产卵又是处在一个时令节点上，诗人通过这些现象之间的诸多联系，由浅入深的分析，推断出"正是河豚欲上时"。这一推断是正确的，是理性的。

苏轼的这首小诗，从认识论的角度解读，诗中蕴含的哲理仍值得我们借鉴。马克思哲学最显著的特征之一就是它的实践性。人的认识一点都不能离开实践，只有深入实践，调查研究，尽量多地掌握第一手资料，才能运用已有的知识和经验，去考察新的领域，进而依据事物运动的规律，去预见未来。《惠崇〈春江晓景〉》诗在一定程度上反映了由感性认识向理性认识推移的辩证法。

在高科技发展的时代，深入实际，掌握第一手资料显得尤其重要。每日每时大量信息涌来，这无疑为人类认识客观事物提供了极为便利的条件。但对信息的采集一点也不能离开实践，这包括自己亲身实践，群众实践的经验和前人实践中形成的文献。凡是脱离实践经验的信息都是靠不住的。现在常用词是"科学"，但科学性的基础是真实性，真实性来自千千万万民众的实践和科学实验的高度严谨性。毛泽东同志在八十多年前写的《实践论》就明确指出："'秀才不出门，全知天下事'，在技术不发达的古代只是一句空话，在技术发达的现代虽然可以实现这句话，然而真正亲知的是天下实践着的人，那些人在他们的实践中间取得了'知'，经过文字和技术的传达而到达于'秀才'之手，秀才乃能间接地'知天下事'。如果要直接地认识某种或某些事物，便只有亲身参加于变革现实、变革某种或某些事物的实践的斗争中，才能触到那种或那些事物的现象，也只有亲身参加变革现实的实践的斗争中，才能暴露那种或那些事物的本质而理解它们。这是任何人实际上走着的认识路程。"（《毛泽东选集》第一卷，人民出版社1991年版，第287页）高科技的发展，信息系统的高效运转都是建立在实践这一认识的基础上，都是依赖"天下实践着的人"。如系统信息不实，与实践稍有分离，那么对整个事业都会造成不可估量的损失。信息的真实性，网络系统的安全与风险，会越来越被人们所认识。

"春江水暖鸭先知。"信息技术愈发达，要求人们愈要十倍百倍地重视实践中获得的第一手资料，尤其对重大决策的制订，对重大事件的处理，决策者还真需要亲临现场调查研究一番。

实践真知入诗来（例一）

——读苏轼《游博罗香积寺（并引）》

寺去县七里，三山犬牙，夹道皆美田，麦禾甚茂。寺下溪水可作碓磨，若筑塘百步，闸而落之，可转两轮举四杵也。以属县令林抃，使督成之。

二年流落蛙鱼乡，朝来喜见麦吐芒。
东风摇波舞净绿，初日泫露酣娇黄。
汪汪春泥已没膝，剡剡秋谷初分秧。
谁言万里出无友，见此二美喜欲狂。
三山屏拥僧舍小，一溪雷转松阴凉。
要令水力供臼磨，与相地脉增堤防。
霏霏落雪看收面，隐隐叠鼓闻舂粮。
散流一啜云子白，炊裂十字琼肌香。
岂惟牢丸荐古味，要使真一流天浆。
诗成捧腹便绝倒，书生说食真膏肓。

这是苏轼在惠州任上写的一首纪游诗。诗中体现出作者丰富的生产经验和过人的智慧。

诗的前八句，写诗人在博罗县令陪同下赴香积寺途中所见。"夹道皆美田，麦禾甚茂"的喜人景象引发诗人对建设美好水乡的想象。诗的九、十两句"三山屏拥僧舍小，一溪雷转松阴凉"，是写诗人实地考察，为筑堤修塘建立碓磨选址。诗的后四句是写诗人的设想。

苏轼就在这样一种轻松愉快的游览中，向县令林抃提出博罗寺"乡村产业发展"建议。现在来看，苏轼提出的建议就是一张合理的、可操作的博罗寺水利设计图。草图已注明：筑塘百步，闸而落之，建设水力碓磨，制作转两轮举四杵的舂米机；利用碓磨场加工的米面和山泉水作原料，建立环保食品作坊和具地方风味的小吃店；积累资金，创办博罗"真一"酒厂，逐步形成一条乡村产业链。苏轼这个人还懂统筹法哩！

苏试一生坎坷，大部分时间在地方官任上，这也使他能更多地接触民众，贴近实践，从而创作了不少像这首《游博罗香积寺（并引）》一类具有系统工程智慧的小诗，诸如《轼在颍州与赵德麟同治西湖未成改扬州三月十六日湖成德麟有诗见怀次韵》《再过超然台赠太守霍翔》《留题石经院》《次韵孔毅父久旱已而甚雨三首》《无锡道中赋水车》《石炭》《秧马歌》等。

无论是从哲学还是从教育角度讲，苏轼一些智慧小诗对启人心智，提升实践能力，活跃大脑两半球，以形象思维激发抽象思维，都是很有益处的。如能将此类古诗文选编整理，搞一个青少年课外辅助读物，或许是个不错的主意。

实践真知入诗来（例二）
——读苏轼《次韵答赵德麟》《留题石经院》《再过超然台赠太守霍翔》

次韵答赵德麟（节录）

轼在颍州，与赵德麟同治西湖，未成，改扬州。三月十六日湖成，德麟有诗见怀，次韵。

> 我在钱塘拓湖渌，大堤士女争昌丰。
> 六桥横绝天汉上，北山始与南屏通。
> 忽惊二十五万丈，老葑席卷苍云空。

这六句诗写的是作者回忆自己在杭州任上率民工治理西湖事。西湖淤塞严重，湖中葑田面积达二十五万丈。苏轼亲自筹划，亲临现场指挥，开掘葑滩，疏浚湖底，将挖出的淤泥筑成长堤，长堤架六桥，两岸植花树，建亭阁，形成园林景观。后来人们为大堤取了个富有诗意的名字叫苏堤春晓。苏轼曾写过一首《饮湖上初晴后雨》，诗曰："水光潋滟晴方好，山色空濛雨亦奇。若把西湖比西子，淡妆浓抹总相宜。"读者多从自然风景角度解，但很少触及深层内涵，这就是诗作者赞扬西湖美包含了深厚的情感因素，他多次参加苏堤的修整和建设，还有一种劳动美蕴含其中。

留题石经院（节录）

窈窕山头井，潜通伏涧清。
欲知深几许，听放辘轳声。

宋元丰元年（1078），苏轼游徐州，与苏辙游览古城名胜。在一景区有《留题石经院三首》，本文摘录的四句颇有理趣。辘轳是用于从深井里汲水的工具，这本是常识，连农家小孩都懂。但诗人这里讲的是，听放辘轳声可测定山头井的深度，这就是一种生活智慧的体现。原有的常识在实践中扩展了、转化了，小诗讲了一个大道理。时过八百年后，到1912年，震惊世界的"泰坦尼克号"发生沉没事件，人们开始思考利用声音测定海洋深度，并继而研制出如四声测深器一类的装置。

再过超然台赠太守霍翔（节录）

超然置酒寻旧迹，尚有诗赋镌坚顽。
孤云落日在马耳，照耀金碧开烟鬟。
郏淇自古北流水，跳波下濑鸣玦环。
愿公谈笑作石埭，坐使城郭生溪湾。

宋元丰八年，苏轼赴任登州，路经密州（今山东省诸城市），太守霍翔于超然台上置酒宴请苏轼，苏轼写此诗相赠。诗中，苏轼深情地谈了自己这次重过密州和当地父老相会的情景。诗的后八句，他根据密州地形和气候情况，希望有疏浚汴河等水利工程经验的霍翔能在密州兴修水利，以解此地旱灾，并建议引郏淇水入城，形成水绕城廓的城建布局，实现密州城园林化的愿景。

　　读古诗词，只要稍加注意，就会发现有不少像《再过超然台赠太守霍翔》《游博罗香积寺》《留题石经院》这样一些闪耀着智慧火花的作品。这类作品往往写得形象、生动、清新、幽默，读之总会给人以哲理的启迪。

书法传承与创新的辩证法
——读黄庭坚《跋杨凝式帖后》

世人但学兰亭面，欲换凡骨无金丹。
谁知洛阳杨疯子，下笔便到乌丝栏。

黄庭坚（1045～1105），字鲁直，洪州分宁（今江西修水）人。先后任宣州、鄂州、涪州、太平州等地方官。他是北宋著名的文学家、书法家，其书论卓有建树。在这首小诗中，他以杨凝式学书为例，阐述了对于传统书法传承和创新的辩证关系。

诗的前两句"世人但学兰亭面，欲换凡骨无金丹"，是讲北宋时社会上临摹兰亭的风气甚浓，但大都停留在形式的层面上，也都想来个"夺胎换骨"，但又苦于找不到路子。诗的后两句"谁知洛阳杨疯子，下笔便到乌丝栏"，诗人赞扬杨凝式书法功底深厚，善于汲取前人之长，深得王羲之所书《兰亭集序》的神韵。这也是诗人论书的一贯主张："随人作计终后人，自成一家始逼真"；"兰亭虽真行书之宗，然不必一笔一划为准"。

五代时期是中国书法由"尚法"向"尚韵"转型期，引领这一变革时期风向的杨凝式书法受到历代书画家的重视，北宋苏轼评曰："自颜、柳氏后，笔法衰绝，加之唐末丧乱，人物凋落，文采风流扫地尽矣。独杨公凝式，笔迹雄杰，有二王、颜、柳之余绪，此真可谓书之豪杰，不为世所汩没者也。"（参见季伏昆《中国书论辑要》，江苏美术出版社2000年版，第502页）苏轼把杨凝式的书法放在当时历史背景下考察，更见其书法传承求新的意义。清代康有为对杨凝式学《兰亭》深入其里，吸取所长，变自家面目，给予很高的评价。他说："杨少师变右军之面目，而神理自得"，"学《兰亭》当师其神理其变，若学面貌，则如美伶候座，虽面目充悦而语言无味"（康有为《广艺舟双楫》）。清杨守敬《学书迩言》则曰，杨凝式书法"脱胎怀素，虽极纵横，而不伤雅道"。当代书法家沃兴华著《书法观止——图说中国书法史》，从艺术角度评价杨凝式《神仙起居法》，写得非常精彩。他说："杨凝式的这件作品，将音乐节奏的复杂性和流畅性推向了一个高峰……其流畅性表现为上下连绵，一气呵成，回环往复的牵丝在映带时丝丝入扣，精致至极，甚至连作者神经末梢的细微颤栗都清晰地传达出来了。"具有这种奇特艺术意境的作品，或许也只有像杨凝式这种遭遇乱世的艺术家才能写得出来。

　　中国书法作为一门颇具典型性的东方艺术，传承与创新是永无穷尽的。黄庭坚的这首小诗介绍杨凝式传承书法一例，即使在今天也是值得书者借鉴的。

春来春去不由人

——读晏几道《南乡子·花落未须悲》

花落未须悲。红蕊明年又满枝。唯有花间人别后,无期。水阔山长雁字迟。

今日最相思。记得攀条话别离。共说春来春去事,多时。一点愁心入翠眉。

晏几道(1030～1106),抚州临川(今属江西南昌)人。北宋著名词人。文学与其父晏殊齐名,世称"二晏"。有《小山词》一卷。

这首《南乡子》词,主旨是写离别相思。全词借一个开朗乐观的少女之口,讲述与友久别后期盼再相会的心情,并道出了一条深刻的哲理:自然界万物都是按照自己固有的规律辩证地运行着。

词中的这位少女最关心的是"唯有花间人别后,无期",最想表达的是攀条话别后,"今日最相思"。而自然界的变化对这位纯真的少女来说,那就是自然界"自己"的事了。"花落未须悲。红蕊明年又满枝",她认为花开花落,年年如此,今年落了，明年开得更鲜艳丰满，何必为之悲伤。"记得攀条话别离。共说春来春去事，多时"，她认为今年春天过去了，明年还会按时再来，春天就是这样有序地来往，用不着人去担心；尤其是"多时"一词，在她看来"春来春去"本是春天的事。如以此为话题，何时也叙说不尽。只是那次话别离后，好久没有通信，她开始朦胧意识到，时间就在"春来春去"中悄悄流逝，才有"一点愁心入翠眉"。

唐朝司空图《退居漫题七首（其三）》，有"莫愁春又过，看著又新春"句，与晏词《南乡子》其意相近。在中国古典诗词中多惜春悲秋、咏物感伤之作，这两首小词小诗从两个不同侧面说明"春来春去"是自然规律，自然规律是客观的，而伤春悲秋是人们的心理和情感等因素在起作用。

节物相催各自新

——读秦观《三月晦日偶题》

节物相催各自新，痴心儿女挽留春。
芳菲歇去何须恨，夏木阴阴正可人。

秦观（1049～1100），字少游，高邮（今属江苏）人。北宋婉约派词人。有《淮海词》《淮海集》等。这首七言绝句，以朴实清丽的语言讲述了自然界节物转换的道理。

诗的前两句"节物相催各自新，痴心儿女挽留春"，是讲自然界风物都是随着季节转换而不断交替更新着，这是人们不能违背的事情，那些痴心的儿女不懂这个道理，总是像唐朝贾岛诗《三月晦日赠刘评事》中所讲的，表现出浓重的探春、惜春的感伤情绪。

诗的后两句"芳菲歇去何须恨，夏木阴阴正可人"，是讲一年四季的风物，都各有其特点，四季都有新生的美好的事物。"百般红紫斗芳菲"（韩愈《晚春》），芳菲歇去，随之而来的是"绿树浓荫夏日长"（高骈《山亭夏日》）、"风定池莲自在香"（秦观《纳凉》），这也是适人心意的。春夏是美好的，秋冬又如何？苏轼有诗在前："一年好景君须记，正是橙黄橘绿时。"《三月晦日偶题》小诗的主旨就是说明四季风物都是美好的，奉劝人们四季时光都应很好地珍惜，不断充实自己，使自己有所作为。

这首小诗讲述的是一个内涵深刻的哲学话题。从哲学原理上讲，小诗给人们的启迪是：物质的运动是有规律的，而规律是客观的，它的存在和发生作用是不以人的意志为转移的。"节物相催各自新"句，形象生动地又极为精准地反映了自然界新陈代谢的规律。

在秦观写此诗前，王安石曾写《初夏即事》，以"时日暖风生麦气，绿阴幽草胜花时"表达自己对夏日的独特感受，"麦气"飘香的"初夏"胜花时，境界显然要胜秦诗一筹。

宇宙间事物都不是孤立存在

——读张元幹《甲戌正月十四日书所见,来日惊蛰节》

> 老去何堪节物催,放灯中夜忽奔雷。
> 一声大震龙蛇起,蚯蚓虾蟆也出来。

张元幹(1091~约1161),字仲宗,芦川永福(今福建永泰)人。南宋著名词人。靖康期间曾做抗金名将李纲的属官,李纲被罢职,张元幹也遭贬。写这首《甲戌正月十四日书所见,来日惊蛰节》,已是他弃官回乡后的第二十个年头。时间流逝,感慨颇多。接连不断的节日总是在催促着人老啊!新春刚刚过去十四天,这不又到了元宵节,元宵节又恰逢惊蛰。正当人们沉浸在元宵节前夜观看放灯的气氛中,忽听得有春雷滚动声,紧接着就是一声惊天雷鸣。这"一声大震"使那些蛰伏冬眠的动物都苏醒过来,龙蛇飞动起来了,蚯蚓蛤蟆也爬出来了。

此诗写得通俗而生动,形象的描述中蕴含了辩证法。"老去何堪节物催",这是感叹时光流逝之快。少儿时总是盼望过节,往往感受不到时光流逝,而上了年纪的人一到过节就会油然产生一种节日催人老的感受,随着年龄的增加,感受愈来愈强烈。

一个"催"字，凝结了诗人对人生哲理的深度思考，看上去，似有些消沉，但这又是真实客观反映自然规律。"一声大震龙蛇起，蚯蚓虾蟆也出来"，这两句写得通俗、痛快，寓意深刻，"在诗人塑造的意象中，龙蛇无疑是值得推崇的事物，古人常以龙蛇喻非常之人，而蚯蚓虾蟆一定是猥琐鄙屑的代表，在一定的条件下，好的，坏的，美的，丑的，崇高的，猥琐的，都会同时出现"。（徐应佩主编《历代哲理诗鉴赏词典》，湖北教育出版社1994年版，第116页）这两句诗暗指南宋朝廷鱼龙混杂，不但有像李纲那样力主抗金的爱国名将，也会有秦桧一类卖国贼混迹其中。

从哲学原理上讲，词人于惊蛰节所见所感，反映了事物的普遍联系。辩证唯物主义认为，宇宙间的任何事物都不是孤立地存在的。它总是与周围其他事物相互联系，相互依赖，相互制约着，相互作用着。当一事物出现的同时，与之相联系的另一些事物也必定会出现。恩格斯指出，"当我们深思熟虑地考察自然界或人类历史或我们自己的精神活动的时候，首先呈现在我们眼前的，是一幅由种种联系和相互作用无穷无尽地交织起来的画面"。（《马克思恩格斯选集》第3卷，人民出版社1972年版，第60页）恩格斯还在《自然辩证法》一书中明确提出，"辩证法是关于普遍联系的科学"。这首小诗对我们以形象思维理解事物普遍联系的原则，是很有启迪作用的。

绝知此事要躬行

——读陆游《冬夜读书示子聿》

古人学问无遗力，少壮工夫老始成。
纸上得来终觉浅，绝知此事要躬行。

陆游（1125～1210），字务观，自号放翁，越州山阴（今浙江绍兴）人。宋代著名诗人、文学家。有《剑南诗稿》《放翁词》等。

这是陆游写的一首向晚辈传授求知之道的诗。诗人结合自己多年治学经验，从读书和实践的关系上辩证阐述了实践对于掌握知识的重要性，明确提出，不勤奋读书不行，但只读书不实践更不行。要获得真正的、完全的知识，就必须在读书和实践结合上下功夫。

"古人学问无遗力，少壮工夫老始成"两句，强调获取知识是一个不断积累的过程，少壮时是打基础的阶段。这是诗人劝告晚辈要抓紧少年时光，勤奋学习，虚心求教，力行毋懈，持之以恒，将来才会有所成就。"老始成"不能狭义地理解为到晚年才有所成就，似应解释为学到炉火纯青的阶段也不能松懈，学习是无止境的。"纸上得来终觉浅，绝知此事要躬行"两句，强调做学问不能仅仅满足于向书本学，一定要亲自实践。书本上学的知识只有和实践紧密结合，才能真正懂得它，深入地理解它，正确地把握它；也只有善于从实践中不断地吸取活的东西，才能不断地丰富、深化书本知识，从而使自己对客观世界的认识不断达到新高度。诗中最后一句"绝知此事要躬行"，出自一位有丰富人生阅历的八十二岁高龄老者之口，可见亲身实践的分量。

在当时历史背景下，陆游教子懂得实践的重要性，这是具有真知灼见的。从认识论的角度讲，一切真知都是从直接经验发源的。每个人不可能事事实践，还需要另外一条途径，这就是读书，通过读书吸取别人实践中取得的知识和经验，这也就是我们常说的间接经验。

"一个人的知识，不外直接经验和间接经验的两部分。而且在我为间接经验者，在人则仍为直接经验。因此，就知识的总体说来，无论何种知识都是不能离开直接经验的。"（《毛泽东选集》第一卷，人民出版社1991年版，第288页）实践出真知，这是颠扑不破的真理。

陆游的这首小诗体现的治学观，对我们今天的治学育人，仍有重要的启示。现代教育已成为专门学科，并成为教育科学。中外都有了教育科学研究院，这就有专门机构、专门人研究培养各种专业的或复合型人才的问题。怎样实现读书与实践相结合，怎么能科学获取知识和把知识转化为智慧，怎么能做到合理设置课程和课时，怎么上好实验课等，都提上了科学教育研究的日程。这里需要强调的是，科学实验作为一项伟大的社会实践，随着时代的发展，愈显示出其重要性。笔者多年前曾围绕重视科学实验写过一篇论文，略加整理作为本文附录四，可供读者参考阅读。

柳暗花明的哲理美

——读陆游《游山西村》

> 莫笑农家腊酒浑,丰年留客足鸡豚。
> 山重水复疑无路,柳暗花明又一村。
> 箫鼓追随春社近,衣冠简朴古风存。
> 从今若许闲乘月,拄杖无时夜叩门。

这是陆游在乾道二年(1166),因力劝张浚抗金而被免职,回家乡越州山阴居住期间写的一首纪游诗。

在这首诗中,诗人以浓浓乡情,描写了家乡秀丽奇特的风光和乡村古朴的风情。诗的颔联"山重水复疑无路,柳暗花明又一村",以其意境美、哲理美、语言通俗流畅,广泛流传,经久不衰,已是家喻户晓。

这两句诗写的是实景实感。巧妙之处是在诗人描述的景象中暗含了哲理。江南一带,山岭起伏逶迤,山径蜿蜒迂回,溪流曲折往返。行走在山阴道上的诗人,看到的是动态的极富变化的山涧景色。"山重水复"转换为"柳暗花明","疑无路"转换为"又一村",客观景象的变换与诗人山行的主观感受交相融合，营造出一种优美的哲理意境。

世界是辩证的。陆游山行感受"山重水复疑无路，柳暗花明又一村"，形象反映了大自然运动的辩证规律。这两句诗今天读来，确能启发人们对事物发展的曲折性和先进性的辩证思考。探索前进的道路是迂回曲折的，不是笔直的、平坦无阻的，要前进就要奋斗。向前的路虽然是曲折的、盘旋的，但毕竟是朝向风光无限的顶峰延伸的。

预作"前滩水石谋"的决策辩证法

——读杨万里《下横山滩望金华山》

> 篙师只管信船流,不作前滩水石谋。
> 却被惊湍旋三转,倒将船尾做船头。

杨万里(1127～1206),字廷秀,吉水(今属江西)人。南宋诗人、理学学者。这首小诗是诗人乘船游览浙江兰溪、金华一带所记。诗人乘坐的船由横山滩向金华山顺流而行,撑船手任凭江船随意漂流,不做渡急流、过险滩的准备。正是在他毫无准备的情况下,船就被急流打入漩涡中转个不停,待将船稳下来,船尾却被冲得变成船头方向。

诗人记行船所遇,道出了"预则立,不预则废"的道理。辩证法认为,一定的原因必然引起一定的结果。无论人们从事何种工作,事前都应充分估计行动的后果,推测事物发展的趋势,促进事物向人们期望的方向、目标发展,才能尽量避免大的损失。小诗的前两句讲的是"因",后两句讲的是"果"。船进入险恶复杂江段,激流涌起,直把船体冲得"旋三转""倒将船尾做船头"。这不能责怪急浪、惊湍,主要原因是篙师"不作前滩水石谋""只管信船流",完全放弃了前期主观能动性的发挥。

诗中提出的"前滩水石谋",即使在今天,对我们的日常生活和工作仍有警示作用。从驾车、驾机到投资理财,都应事先估计到可能遇到的风险,做好应有的准备。任何一个建设项目,从项目设计、施工到项目使用期限,在设计阶段就必须进行多方面风险评估。风险评估是项目设计的关键环节。从全球视野观察,人类面临着诸多重大风险,如:突发性公共卫生事件,自然资源危机,地球生物多样性失衡,全球气候变暖,地面沉降、土地沙化,网络信息安全缺失,等等。应对这些涉及人类生存的重大事情,必须运用最新科学技术,极大提高预测的科学性和可靠性。现实中许多事件、事故的发生,从正反两方面教育着人们,如能做好"前滩水石谋",本是可以避免的。即使在现阶段经过主观努力不能避免,也可把损失降到最低限度,并由此获得经验,提高对事物的认知能力。2020年全世界应对新冠肺炎疫情有经验有教训,就很值得总结、思考。

从哲学原理上讲,"预则立",预作"前滩水石谋",体现了意识的能动作用。"辩证唯物主义指出,人们的意识一方面是客观存在的反映,另一方面对于客观存在又能反过来发挥重要的能动作用。……意识如果能够正确地反映客观存在的实际的事物的情况、本质和规律性,它就能够帮助人们去胜利地从事改造客观世界(改造自然和社会)的斗争,就能够加快客观世界的前进运动的速度,就能够使人们的社会生活顺利地向着自己所预期的方向发展。"(《艾思奇文集》第二卷,人民出版社1983年版,第504页)在这里,意识正确反映客观实际是极关重要的。在科学高度发达的今天,人们能够安全运用信息传递手段,在更广阔的领域、在更深层次上做好"前滩水石谋",应成为自觉的行动。

山行的辩证体悟

——读杨万里《过松源晨炊漆公店》

莫言下岭便无难,赚得行人错喜欢。
正入万山圈子里,一山放过一山拦。

宋绍熙三年(1192),杨万里时任建康副使,一次外出,途经松源一山区小镇漆公店,听到当地百姓讲述翻越山岭的情况后,写下了这首小诗。其诗写得通俗而不乏幽默,如同乡下人唠嗑,聊的内容也不外乎爬山那些事,但就是这样一首平淡无奇的小诗却能引起人们的哲理联想。

没有过登山经历的人,往往会有一种上山难下山易的心理。诗的开头一句"莫言下山便无难",诗人就委婉地提醒人们:上山固然是艰辛的,但下山也是不容易的,也会遇到重重困难。诗的第二句"赚得行人错喜欢",是说如果你抱着"下山易"的心理,那么你下山时只能"赚"得个"错喜欢",而被主观想象所欺骗。

"正入万山圈子里,一山放过一山拦",诗人用事实来证明首句提出的观点。当行人奋力翻越山顶后,眼前展现出起伏不定的万座山峰,"下山"正是进入这万山圈子的第一步。这重重山岭又像是有意给行人布下的阵,每当跨过一个山头,另一个山头又会横在面前。

这首小诗最后两句非常形象地揭示了事物发展的曲折性和复杂性,告诉人们:人生,就是登山,登山就要奋斗,前进的道路上是充满困难和险阻的。"一山放过一山拦",一个困难克服了,又会遇到新的困难,人们总是在不断克服困难中前进的。

世间事有果必有因

——读杨万里《晓过丹阳县》

风从船里出船前，涨起帘帏紫拂天。
点检风来无处觅，破窗一隙小于钱。

杨万里写《晓过丹阳县》诗共五首，这是其中之一。有一次诗人坐船过丹阳县，忽见有风穿过船舱吹向船头，船上帘幕鼓涨起来。这么大的风到底是从哪里灌进来的？一时查来查去，也没寻觅到，后来发现舱壁上只有一个比钱还小的裂缝。

小诗通过乘船所遇讲述事物的因果关系，既生动，又富理趣。"风从船里出船前，涨起帘帏紫拂天"，这两句是讲船舱有风往外吹，这是一种不正常现象，本来船向前航行，风从前面来，而事实却是船里的风吹向船前，竟使帘幕也鼓涨起来。诗人认为出现这种反常现象必有其因。"点检风来无处觅，破窗一隙小于钱"，是讲查找原因的过程。"无处觅"是指检点之细，时间之长；"小于钱"是指觅的"原因"有一定的迷惑性，不容易察觉。这首小诗告诉人们：处理任何事情（事故、事件），不要被假象所迷惑，要深入调查研究，学会从事物的相互联系中找出问题发生的根本原因,找出解决问题的办法。如果孤立地看问题、处理问题,往往会误事,甚至适得其反。

辩证唯物论认为,任何事物或现象的发生都是有原因的,同样地,任何事物和现象发生后,也都必然会引出一定的结果。无论是自然界、社会还是思维领域都处在这种因果联系中,无因无果的事物或现象是没有的。杨万里这首小诗就形象描述了从结果中寻觅原因,从原因中捕捉结果的过程。

质变不是无缘无故发生的
——读杨万里《岸沙》

> 水嫌岸窄要冲开,细荡沙痕似剪裁。
> 荡去荡来元不觉,忽然一片岸沙摧。

　　世界上的事总是相互联系着,又相互制约着,流水和岸沙不知何时何故矛盾起来。水要畅通无阻地流动,但两岸收窄,流水感到了约束,决意冲破两岸的阻拦,仍能自由奔流。出奇的是,河水没有像惊天巨浪那样,咆哮着、翻腾着冲向岸边,而是运用细工慢活的战术,轻轻地荡着柔软的岸边细沙,岸沙上留下的痕迹恰似精工剪裁的一般。河水依然那样,日日夜夜悠闲地荡来荡去,河岸似乎本已习惯河水在岸边荡漾。然而就在一瞬间,意外的事情发生了,"忽然一片岸沙摧",河堤坍塌了。

　　这首小诗,运用拟人手法,通过对自然景物的细腻观察和形象描述,反映了事物运动过程中量变质变的关系,说明宇宙间的任何事物在质变之前都有个量变积累的过程,当量变超过一定的限度,就会引发质的变化。"水嫌岸窄要冲开",开头这句讲的是流水和岸沙的矛盾冲突。矛盾集中在岸窄，岸窄就成了流水撞击的对象。"细荡沙痕似剪裁"，那时筑堤不是混凝土结构，而是沙土碾压而成，这就为流水冲垮沙岸埋下了隐患。以水荡沙的量变促成最终的质变。"荡去荡来元不觉"是讲河岸已到了崩溃的临界点，反而显得异常平静，似乎无人察觉到有危险的事情发生。"忽然一片岸沙摧"，这最后一句，描述的就是事物发生显著的变化或谓之突变的景象。

　　杨万里一生写下了不少像《岸沙》这类哲理性小诗，这与他所具有的深厚的哲学思想是有关系的。他继承了柳宗元、张载、王安石等人的朴素辩证法，在解《易》方面有自己独特的见解。他写的这首《岸沙》反映出的事物变易过程中的"渐著"关系，是与他的哲学思想相一致的。辩证法认为，事物由于在自己本身存在着内在的矛盾，在一定的条件下就会转化为自己的对立面。"由量变质，又由质变量，如此不断地循环往复，构成事物的无限的多样的变化发展过程，这就是事物的量和质互相转化的规律，就是量和质关系中所表现出来的对立统一规律。"（《艾思奇文集》第二卷，人民出版社 1983 年版，第 615 页）

新生事物需要及时发现和特别关照
——读杨万里《小池》

泉眼无声惜细流,树荫照水爱晴柔。
小荷才露尖尖角,早有蜻蜓立上头。

《小池》这首清雅的小诗勾画了一幅初夏荷塘图:涓涓细流从泉眼中悄无声息地流出,池畔绿树倒影在洒满阳光的水面上,绿树、阳光和池水相映生姿,呈现出晴天柔丽的风光。夏天尚未到来,柔嫩的小荷已在水面上露出尖尖小角,一只蜻蜓似乎早已获得信息,轻盈平静地站在上头。

在这首诗中,诗人以比兴手法,细致描述了小荷的娇嫩形象和生活环境。"泉眼无声惜细流,树荫照水爱晴柔",这两句是写初夏小池富有生机和动态感的景象。诗人巧妙地把小池周边环境条件与小荷的成长联系起来,有不尽的泉水不断地流向小池,树荫倒映水中,这晴柔的环境又是多么适宜小荷生长。"小荷才露尖尖角,早有蜻蜓立上头",这是讲小荷尖尖角刚刚露出水面,尚未引起人们的注意,敏锐的蜻蜓就发现它是美好事物的化身,早就振起轻盈的双翼卓立在尖尖角上,展示自己对小荷的关照之意。杨万里的这首《小池》给人们的辩证启示：要善于发现和识别新生事物和新生力量，尤其在它们处在嫩弱的幼芽阶段时，要仔细地照管好，尽力帮助它们茁壮成长。

这首小诗写得清新、自然，风格别致。诗人用非常生动、极其细腻的语言描写了"小池"周边的景物，泉眼、细流、浓荫、蜻蜓和晴柔的天气，它们都那样深情关照着水面刚刚露出尖尖角的"小荷"，那些景物的情感似乎不是诗人赋予的，而是自然界本来就是这样偏爱新生的、嫩弱的、美好的、有希望的事物。

杨万里写的《秋凉晚步》与这首《小池》有着同样的哲理内涵。其诗曰："秋气堪悲未必然，轻寒正是可人天。绿池落尽红蕖却，荷叶犹开最小钱。"诗人以敏锐的眼光发现，在满池凋谢的残荷败叶中，有几片如铜钱大小的荷叶开始生长出来。这小片荷叶透露出，虽然满池荷叶凋谢，但生机犹在。新生事物诞生是要经过各种考验的。历经严酷的冬季，更有生命力的新荷必将孕育出来。诗人借用《秋凉晚步》中的残荷小于铜钱的新叶和《小池》中刚露尖尖角的小荷，来讲述事物辩证否定的道理，足见创作这类小诗之用心。

源头活水　　常流常新

——读朱熹《观书有感（其一）》

半亩方塘一鉴开，天光云影共徘徊。
问渠那得清如许？为有源头活水来。

朱熹（1130～1200），字元晦，号晦庵，祖籍徽州府婺源县（今江西婺源），生于南剑州尤溪（今属福建尤溪）。南宋诗人，著名理学、哲学家。著述甚丰，后人辑有《朱子大全》《朱子语类》等。

这是朱熹用诗歌比兴手法写的一篇读书体会。其诗意味隽永，颇具理趣。面前是半亩见方的池塘，如同新打开的一面镜子，是那样澄澈明净，天光云影映照其中，整个小池波光荡漾，令人心旷神怡。试问方塘为什么这般清澈？答曰：那是因为有活水不断从源头流来，常流常新。

从辩证唯物主义的角度来解读，这首小诗给我们的启示：人们从实践中获取的知识越多，越能更正确地反映客观实际。这像池塘的水，只有源源不断地补充，使其变深变清，才能清晰地映现出天光云影。读书求知要像源头活水那样，既要不断巩固原有的知识，又要不断汲取新知识；既要刻苦攻读，又要不断向实践学习。从事艺术创作，写诗作画就要深入生活，贴近生活，了解生活，只有从生活中不断吸纳鲜活的素材，才能创作出富于艺术感染力的、为民众所喜爱的作品。人们从诗中"活水"的流动，是可以生发出诸多新义的。

　　诗作者朱熹的哲学体系集中国古代客观唯心主义哲学之大成。他一生著述颇丰，在我国古代社会影响深远。他的哲学理论和诗歌中也含有一些朴素辩证法。我们今天解读朱诗，要批判地吸取其中的辩证法，去除唯心主义的内容。这首《观书有感（其一）》中的"问渠那得清如许，为有源头活水来"，原意是讲读书穷理，既穷其理，则理自明。现在读者将生活实践获得的知识比作活水，赋予这两句诗以新的哲学含义：世界上的一切事物都是运动着的，任何事物只有处于不断的运动中，才能永远保持新鲜和活力，也就是俗话说的"流水不腐，户枢不蠹"。

秋水见毛发　千尺定无鱼
——读辛弃疾《水调歌头·送太守王秉》

　　酒罢且勿起，重挽史君须。一身都是和气，别去意何如。我辈情钟休问，父老田头说尹，泪落独怜渠。秋水见毛发，千尺定无鱼。

　　望清阙，左黄阁，右紫枢。东风桃李陌上，下马拜除书。屈指吾生余几，多病故人痛饮，此事正愁余。江湖有白雁，能寄草堂无？

　　辛弃疾（1140～1207），字幼安，号稼轩，山东历城人。他出生时，山东已被金人占领。爱国情志寄于诗词，词的风格豪放为主，与苏轼并称"苏辛"。有《稼轩长短句》《辛稼轩诗文抄》等存世。

　　这首词是辛弃疾为即将离任的信州太守王秉送行所作。词人运用"父老田头说尹，泪落独怜渠"这样一个特写镜头，评价王太守的政绩；以蕴含辩证思想的诗句"秋水见毛发，千尺定无鱼"赠太守。写作手法独特而颇具深意。

　　词人题赠王秉的"秋水见毛发，千尺定无鱼"，体现了词人对社会人生的哲学思考。这两句词，取义于《汉书·东方朔传》的"水至清则无鱼，人至察则无徒"，《后汉书·班超传》班超的一段话，"水清无大鱼，察政不得下和。宜荡佚简易，宽小过，总大纲而已"。"水至清"句侧重强调对人不能苛察，察甚则无人敢接近。"宽小过，总大纲"是班超任职西域的施政方针。词人就是将古人用人处世的智慧，运用高超的艺术融于诗中。

　　"秋水见毛发，千尺定无鱼"给我们的哲理启示就是：世界上任何事物内部，包含着既对立又统一的两个方面，绝对纯粹的事物是不存在的。要反映事物的本来面目，我们无论是对人、对己还是对事，都要从实际出发，坚持两点论，全面地、辩证地看待问题，处理问题要善于抓关键、抓根本、抓主流，十分注意把握主要矛盾和矛盾的主要方面。对人不要一味地求全，不能搞一点论。最重要的是用发展的眼光，既要看过去，也要看现在，更要着眼于未来。世界上没有不犯错误的人，也没有完美无缺的人。从某种意义上讲，人就是在克服缺点、修正错误中不断完善自己、不断前进的。

直悟月轮绕地之理

——读辛弃疾《木兰花慢·中秋饮酒》

中秋饮酒将旦，客谓前人诗词有赋待月无送月者，因用《天问》体赋。

可怜今夕月，向何处，去悠悠？是别有人间，那边才见，光影东头？是天外。空汗漫，但长风浩浩送中秋？飞镜无根谁系？姮娥不嫁谁留？

谓经海底问无由，恍惚使人愁。怕万里长鲸，纵横触破，玉殿琼楼。虾蟆故堪浴水，问云何玉兔解沉浮？若道都齐无恙，云何渐渐如钩？

在中国古典诗词中，咏月词不胜枚举，多是借景抒发内心情感。辛弃疾的这首《木兰花慢》，打破咏月词的成规，因用《天问》体赋，承接《天问》之问，就月出月落、天体运行，发挥丰富的想象，"直悟月轮绕地之理，与科学家密合，可谓神悟"（王国维语）。

词一开始就连连发问，聚焦在三个问题。问的第一个问题是月亮前往的路线：那可爱的月亮从西面沉下去，她究竟要到什么遥远的地方去呢，是不是还有另外一个人间，那边的人们刚好看到月亮正从东方升起。问的第二个问题是月亮高空运行所依：在那广阔无垠的宇宙中，洁白月亮像一面宝镜，高悬空中，不会掉落下来或随长风飘去，这是如何维系的呢？月宫中的嫦娥迄今没有出嫁，又是谁把她留了下来？月亮高速运转，嫦娥为什么没有被抛出月宫？问的第三个问题是月圆月缺形成的原因：如果说月亮的运行经海底，而月宫中的房子又不曾损坏，玉兔蛤蟆也都安全无恙，那么圆圆的月亮为什么在中秋后又会渐渐变成如钩的月牙呢？

从词人的发问中，可以明晰地看出，词人经过对日月运行的长期地深入地观察，运用深刻的辩证思维，猜测到地球是圆的，月亮是绕地球旋转运动的。经过漫长的历史，在近现代高速发展的科学中，词人的猜想才得到科学的论证和科学的解答。

辛弃疾的这首《木兰花慢》词，毛泽东很是欣赏。他在读过的一本《稼轩长短句》中对这首词多处做了圈画。1964年8月24日，毛泽东同周培源、于光远等人谈哲学问题时，讲到地动说，毛泽东说："宋朝辛弃疾写的一首词里说，当月亮从我们这里下去的时候，它照亮着别的地方。晋朝的张华在他的一首诗里写道：大仪斡运，天回地游。"（陈晋主编《毛泽东读书笔记解析》，广东人民出版社1996年版，第1228页）。毛泽东读这首辛词，除了艺术上的欣赏之外，还特别注意到其中的科学思想，尤其是内含的辩证思维。

古今陵谷茫茫　市朝往往耕桑

——读辛弃疾《清平乐·题上卢桥》

  清溪奔快。不管青山碍。千里盘盘平世界。更著溪山襟带。

  古今陵谷茫茫。市朝往往耕桑。此地居然形胜，似曾小小兴亡。

  这是辛弃疾居卢桥（今上饶境内）期间写下的一首小令，表达对自然变化和人间兴废的辩证思考。

  "古今陵谷茫茫。市朝往往耕桑"，这两句是词人从宇宙运行的高度阐明自己的观点。他认为，在茫茫邈远的时间里，地貌总是会发生巨大的变迁，深谷变成了山陵，山陵变成了深谷。在人类社会中，朝代也总是处在不断更替中，昔日繁华兴旺的闹市，后来变成了桑田。在这里，词人认识到自然界的发展变化和人间兴废，都是有其内在的规律的。

  "此地居然形胜，似曾小小兴亡"，这是词人对卢桥一带兴衰史的猜想。卢桥一带，"清溪奔快。不管青山碍。千里盘盘平世界。更著溪山襟带"，词人凭借实地观察和丰富的想象，猜测卢桥一带曾经历过的兴衰变化。他认为，在今古茫茫的历史长河中，人类不知经历了多少次陵谷沧桑巨变，有着不同寻常的山川形势的卢桥，曾有过兴衰是可能的，在历史长河中这里的兴废又显得何其微小！

辛弃疾这首小令蕴含的哲学思想是深刻的。按照唯物辩证法的观点，宇宙中的一切具体的事物从已知和未知的天体，到整个生物界都是有始有终，有生有死，有兴有废的。凡是在历史上发生的，都将在历史上消亡，这是不以人类的意志为转移的客观规律。

千古兴亡多少事？悠悠。不尽长江滚滚流！

由此及彼知山雨

——读翁卷《山雨》

一夜满林星月白,亦无云气亦无雷。
平明忽见溪流急,知是他山落雨来。

翁卷(生卒年不详),字续古,永嘉(今浙江温州)人。南宋诗人。一生未仕,与同代诗人徐玑、徐照、赵师秀并称为"永嘉"四灵。有《苇碧轩集》。

  这是一首写景诗。全诗绘声绘色,清丽如画,堪称古代写景诗中的佳作。从认识论的角度解读,还可从此诗中发掘出一些哲学内涵。诗人讲述观察落雨的经过即接触到认识发展过程。虽是粗线条的描述,还不能上升为理论,但已带有认识论辩证法的色彩。

  诗的前三句是写认识的感性阶段。"一夜满林星月白,亦无云气亦无雷",这两句描写了一个晴朗的夜晚,无云无雷,月明如昼,森林洒满星光,这些都是诗人感受到的,是真实的。但诗人所感受到的情况与诗题《山雨》是不相符的。诗的第三句"平明忽见溪流急",溪流虽细,但流经的区域广大,像毛细管一样布满山涧丘陵，由水位上涨，诗人凭借经验作出初步判断，小溪流经的区域必定有大雨注入。"忽见"两字，形象表现了诗人在观测过程中所遇难题得解的惊喜之情。

  诗的最后一句，是诗人综合了昼夜所见所闻，经过一番思考，或经过进一步核实后，"知是他山落雨来"，诗人的认识开始由感性上升为理性。

古梅百年花事迟　原在相对岁寒时

——读戴复古《得古梅两枝》

老干百年久，从教花事迟。
似枯元不死，因病反成奇。
玉破稀疏蕊，苔封古怪枝。
谁能知我意，相对岁寒时。

戴复古（1167～约1248），字式之，黄岩（今属浙江）人。南宋诗人。有《石屏诗集》。

这首五言诗，清淡自然，意境幽深，融艺术与哲理于一体，蕴含了生生不息的事物辩证法。诗的前四句"老干百年久，从教花事迟。似枯元不死，因病反成奇"，是描绘古梅枯而不死的形象，体现了古梅顽强的生命力。在古人那里，有"梅花初生为元"说。"似枯元不死"，"元"可作原本解，也可作新生解。这里说明百年老干，病弱枯朽而不死，就在于古梅内部蕴藏着生机，有着旺盛的活力。有活力就有运动，古梅由体内新生命的孕育到寒冬吐蕊，再到花朵开放，散发芳香，这都体现着生命的运动。

"玉破稀疏蕊，苔封古怪枝"，这两句是描绘古梅新生形象。在严寒的冬季里，如珠般的花蕊沾满洁白的雪花，稀稀疏疏地点缀在枝条上，古老粗壮的梅干布满了青苔，这是在古老枯梅上展现出的一种美，是一种生命之美，"运动"之美。

"谁能知我意，相对岁寒时"，这是诗人表达对古梅因病成奇的看法。诗人认为，古梅不畏严寒，历经百年傲霜雪的锻炼，使自身具有了抗衰老斗病毒的能力，铸就了一息尚存、奋斗不息的精神，才得以在暮年"似枯元不死"，焕发出新的生机，展现出"玉破稀疏蕊"的姿致。古梅的生命在艰苦磨炼中延长，这就是作者要人们了解的真意。

戴复古的这首小诗，很值得一读，它启迪人们对待生与死要持辩证的、唯物的观点。世界万物皆是有生有灭的，人的生老病死是宇宙中不可抗拒的规律，但是人的生命长短并不仅仅是由天支配决定的。人们能够按照主客观条件，发挥主观能动性，经得住艰苦环境的磨炼，不断增强免疫能力。老了，保持愉悦的心情和乐观精神，虽不能避免死亡，但寿命是能够延长的，如百年古梅一样，焕发青春活力，活出美丽人生。

任何事物内部都包含两点
——读戴复古《寄兴》（节录）

黄金无足色，白璧有微瑕。
求人不求备，妾愿老君家。

这首五言律诗，假年轻女子向丈夫倾吐衷情的口吻，讲述为人处世的道理，颇有些辩证法。

诗的开头两句，就物无完美发议论。"黄金无足色，白璧有微瑕"，她认为，即使最贵重的黄金，也没有十足成色的，即使晶莹剔透的碧玉也是带有微小瑕疵的。在这个世界上绝对纯而又纯的东西是没有的。三、四两句由物及人，"求人不求备，妾愿老君家"，她认为，与黄金白玉一样，在这个世界上也没有完美无缺的人。所谓"完人"和绝对美好的事现实中是不存在的。对人不要求全责备，不以一眚掩大德。诗中的"妾"毫不犹豫地表达终老君夫家的意愿，这是在她讲的前两句中，已预设了前提，即以黄金、白玉为喻，实指夫君本质好，值得信赖，有微瑕，也应包容。

《寄兴》这首小诗提出的"金无足赤，人无完人"的观点是符合对立统一规律的。唯物辩证法认为,世界上任何事物的内部都包含着矛盾,都是对立面的统一体。每一事物的内部都包含着相互联结、相互依存,又相互排斥、相互斗争的方面和倾向。没有矛盾的事物,不是作为对立面统一的事物是根本不存在的。一切客观事物都有两点。我们若如实反映事物的本来面目,包括对人、对事、对自己,就必须自觉坚持两点论而不是一点论。

向上的美好的事物是禁锢不了的

——读叶绍翁《游园不值》

应怜屐齿印苍苔,小扣柴扉久不开。
春色满园关不住,一枝红杏出墙来。

叶绍翁(1194～1269),字嗣宗,号靖逸,龙泉(今属浙江)人,祖籍建安(今属福建)。南宋诗人。曾长期隐居于钱塘西湖之滨。著有《靖逸小集》《四朝见闻录》。

这首小诗,无论诗的哲理内涵,还是诗的构思和表现手法,都包含了朴素的辩证法。

诗作者深受宋代哲学家叶适的朴素辩证法思想影响,认为世界是运动发展的,对自然界的新生事物的成长尤为关注。这首《游园不值》一个鲜明特点就是集中描述了新生事物成长的美好景象。初春的雨后,诗人乘兴去观赏花木,"小扣柴扉久不开",游园受阻,正欲离去,忽见一枝盛开的红杏探出墙外,欣喜之时,吟出了"满园春色关不住,一枝红杏出墙来"这一富含哲理的诗句。一枝生机勃勃的杏花,本就是诗人理想中要见的美好事物和春色。这"关不住"和"出墙来",用非常朴实的语言告诉人们：世间一切美好的蓬勃向上的新生事物，都具有强大的生命力和远大的前途，是任何力量也无法阻挡的，它必将冲破一切旧框框的束缚向前发展。

从艺术构思和表现手法上看，"春色满园关不住，一枝红杏出墙来"两句，非常贴切地体现了个别和一般的辩证法。"一枝红杏"，是个别的，具体的，这个"个别"是与"满园春色"相联系的，"满园春色"包含在这个"个别"中。人们从这"个别"而知一般，从这一枝红杏就可推测满园百花齐放的景象，从这一"满园的春色"又自然联想到整个大地正在呈现出的蓬勃生机和无尽的春意。此诗的最后两句，与苏轼《书鄢陵王主簿所画折枝》诗中"谁言一点红，解寄无边春"句，如出同一机杼，其构思和表现手法反映了共性与个性、一般与个别矛盾统一的文学艺术规律。

这首小诗题为《游园不值》，不值作不遇解。不遇，意外地觅得了一首独具姿致的小诗，并由此进入中国古典诗词百花园，流传千百年而不衰。

梅雪争春的辩证启示

——读卢梅坡《雪梅（二首）》

一

梅雪争春未肯降，骚人搁笔费评章。
梅须逊雪三分白，雪却输梅一段香。

二

有梅无雪不精神，有雪无诗俗了人。
日暮诗成天又雪，与梅并作十分春。

卢梅坡（生卒年不详），宋代诗人。《全宋诗》录其诗十二首，《全宋词》录其词四首。

这两首诗作于宋末一个初春日。第一首的意思是：梅花和雪花都认为各自占尽了春光，两相争高低，谁也不肯服输，诗人一时无法评判，只好停笔斟酌，一番权衡后讲出自己的看法：就色彩而言，梅与雪相比，梅花须让雪花三分洁白；就气味而言，雪与梅相比，雪花却输给梅花一段清香。第二首诗的意思是，梅花开放而没有雪花相衬，也就显不出梅花的高标逸韵；

有雪的衬托而无诗作为之赞美，也会令人感到俗气。日暮诗成，刚好天空又下起雪，梅花、雪花两相辉映，洁白的雪花中透着淡淡的梅花清香。

第一首诗的"梅须逊雪三分白，雪却输梅一段香"，从哲学角度讲，这两句的内涵接触到如何认识事物普遍性和特殊性关系的问题。辩证法认为，世界上的万事万物千差万别，各有其特殊的本质，这种千差万别的内在原因在于事物内部的矛盾特殊性。矛盾的特殊性规定了这一事物区别于其他事物的特殊本质。梅花能傲雪开放，散发幽香，雪有晶莹洁白的色泽，这是由各自的特殊本质决定的。只有从实际出发，具体事物具体分析才能作出合乎事物本质特征的评判。

第二首诗的辩证内涵承接了第一首诗，以梅和雪相辅相成、相映成趣说明事物都是相互联系的道理。辩证法认为，宇宙间的一切事物都处于普遍联系中，每一事物都这样或那样地同周围其他事物相互联系着，正是这多种多样的联系，构成了多姿多彩的世界。共性寓于个性中。这首诗写的是冬末的初春，而代表冬春季节转换这一特定时间内物质特征的景物，自然是梅花和雪花。"日暮诗成天又雪，与梅并作十分春"，构成初春的两要素，梅与雪相互联系，相互映衬，与诗作一起，才绘成了一幅清雅淡致的报春图。

"日暮诗成天又雪，与梅并作十分春"，是这两首诗的主旨。诗人写这两首诗，其意是说明：诗要有个性，有自己的风格。只有写出梅花的风骨和雪花的纯洁品格的诗，才算好诗。

　　这两首小诗写得清新自然，朴实简约，辩证内涵丰富，而又不失生活、艺术之情趣，可谓中国古典哲理诗中一篇难得的别具一格的佳作。

死而不朽的辩证观

——读文天祥《过零丁洋》

辛苦遭逢起一经，干戈寥落四周星。
山河破碎风飘絮，身世浮沉雨打萍。
惶恐滩头说惶恐，零丁洋里叹零丁。
人生自古谁无死，留取丹心照汗青。

文天祥（1236～1283），初名云孙，字宋瑞，又字履善，吉州庐陵（今江西吉安）人。南宋政治家、诗人，伟大的民族英雄。宋德祐元年（1275），元兵东下，他以全部家产充当军费，组织义军，入卫临安（今属杭州）。后进兵江西，收复州县多处。在朝廷官兵几近放弃抵抗的形势下，独立支撑，浴血奋战，坚持抗元四年之久。宋祥兴元年（1278），在五坡峰（今广东海丰）被俘，屡经威逼利诱，誓死不屈，终在柴市就义，全家被杀害。遗著有《文山先生全集》，其中《过零丁洋》《正气歌》世代传诵不衰。

《过零丁洋》，诗人回忆了艰苦卓绝的战斗生活，抒发了国破家亡的悲壮情怀。"辛苦遭逢起一经，干戈寥落四周星"，这是讲，历经艰辛入仕，遭逢国家危难之时，置身沙场四年，出生入死，战事打得异常惨烈。"山河破碎风飘絮，身世浮沉雨打萍"，这是讲大宋江山危在旦夕，山河破碎若风卷柳絮，个人哪堪言说，而今深陷敌方之手，老母被俘，妻女被囚，儿子阵亡，国事身世都如雨打浮萍。"惶恐滩头说惶恐，零丁洋里叹零丁"，这是讲，惶恐滩地势险要，自己曾率军与元军在此周旋，闯过险境，转败为胜。而今身为俘虏再经此地，望着那波涛滚滚的零丁洋，怎不为此而悲叹！诗的最后两句，诗人以高昂的情调吟出"人生自古谁无死，留取丹心照汗青"这一千古不朽的壮歌，充分体现了崇高的民族气节和舍生取义的生死观。

生死观是人生观的最高层面。人，作为一个生命的个体，是自然存在物，它与宇宙中的生命现象一样，都是有生有死、有始有终的。但人为什么而生，为什么而死，解决这个问题还"必须求于社会规律"。（参见陈先达《哲学与人生》，中国青年出版社2018年版，第140页）

辩证唯物主义和历史唯物主义是正确认识和理解生与死的指南，关于生死观、人生观的论述是毛泽东思想的重要组成部分。在《为人民服务》一文中，毛泽东对生与死的意义和价值作了最精辟、最深刻的阐述："人总是要死的，但死的意义又有不同。中国古时候有个文学家叫做司马迁的说过：'人固有一死，或重于泰山，或轻于鸿毛。'为人民的利益而死，就比泰山还重；替法西斯卖力，替剥削人民和压迫人民的人去死，就比鸿毛还轻。"毛泽东为年仅十五岁的女英烈刘胡兰题词"生的伟大，死的光荣"，这既是对刘胡兰短暂一生的高度评价，又明确展示出毛泽东生死观的辩证内涵，生命的有限和无限、死亡和永恒、崇高和卑微在这里得到对立统一的解释。这一题词昭示人们：生，为人民而生，死，为人民而死，融自己有限的生命于社会进步和无限发展中，这是革命者应确立的生死观。

今天，我们解读古诗《过零丁洋》，从传承意义上讲，重点是弘扬文天祥身上体现出的铮铮骨气和强烈的爱国精神，传承文天祥宁死不屈的民族气节和以身殉志的生死观。

"人生自古谁无死，留取丹心照汗青"，这两句诗与日月同辉。

女儿浦歌闪耀着辩证法光辉
——读揭傒斯《女儿浦歌》

大孤山前女儿湾，大孤山下浪如山。
山前日日多风雨，山下舟船自往还。

揭傒斯（1274～1344），字曼硕，号贞文，龙兴福州（今江西丰城）人。元代诗人。官至翰林侍进学士，总修辽、金、宋三史。有《揭文安公全集》。

这是一首用民歌体写成的小诗，读来琅琅上口，优美动听。诗人用轻松的音符谱写了女儿浦一带渔民在恶劣的条件下有序生活的情景。今天，我们来解读这首小诗，可从中获得一些辩证的启示。

其一，实践出真知，要勇于实践。驾船人能在大浪如山的江中自如航行，这是因为他们在前人积累的航运知识的基础上，又经过往复不断的实践认识过程，逐步摸清了在女儿湾航行的规律。摸清了规律，就获得了一定程度上的航行自由，这就是诗中所说的"山下舟船自往还"。

其二，困难是具有两重性的，要正确对待困难。大孤山前的女儿浦，天天不是风就是雨，掀起巨浪高如山，这是何等恶劣的条件，又是何等惊险的情景！而大孤山前还呈现出另一番景象：船民们不管风大浪急，总是有条不紊地干着自己的活儿，舟船来来往往，自由自在，风雨无阻，从容不迫。诗中虽不见渔民搏击风浪的情景，但面前呈现的平静有序的生活景象，会让读者自然想到，正是女儿浦一带的恶劣环境铸就了渔民的刚毅的性格和坚强的意志。

其三，这首小诗在创作艺术上也有不少地方值得借鉴。诗歌内容和形式是辩证统一的。此诗的成功之处就是运用明快、轻松、音调优美的民歌形式，反映在大浪如山的女儿浦畔渔民的劳动、生活情景。正因为小诗源于生活，贴近生产劳动实践，才十分生动、形象地将大孤山下渔民同狂风恶浪做斗争的智慧、在恶劣环境奋斗而铸就的刚毅性格和坚强意志表达出来了。

《女儿浦歌》是诗，也是歌；是词，也是曲。它来自于群众的实践，真实地反映了劳动人民的生活，其艺术生命是鲜活的，永久的。

新事物在同旧事物斗争中开辟前进道路

——读刘因《探春》

道边残阳护颓墙,墙外柔丝露浅黄。

春色虽微已堪惜,轻寒休近柳梢旁。

刘因(1249～1293),字梦吉,号静修,雄州容城(今河北容城)人。元代著名诗人。以教授生徒为业。有《静修先生文集》。

在这首以"探春"为题的小诗中,作者以敏锐的观察力,在一片颓败的残景中,发现了那柳条开始吐芽的春色,并对这新的春色寄予无限的希望和关爱之情。读来很有些辩证意味。

"道边残阳护颓墙,墙外柔丝露浅黄",这两句是说,春色是在抗严寒、迎风雪中悄悄来到的,不仔细观察,是很难发现的。"残阳""颓墙"是一种衰败的景象,"柔丝""浅黄"是一种透着生机的景象,两种其意相反的景象在强烈的互衬中,体现出新生的春色是何等的珍贵!正是这些浅黄的嫩芽肩负着报春的讯息。"春色虽微已堪惜,轻寒休近柳梢旁"这两句,是说春色在其初出现时还是微弱的,人们要倍加珍惜爱护,不可让严寒伤害它。

　　《探春》对新生春色的描述是十分精彩的。从哲学上讲，这首小诗给人们的启示是深刻的：宇宙间的一切事物都是永恒运动、变化和发展的。任何一种事物在完成它的历史使命之后，必然为新生事物所代替。新生事物代表了事物发展方向，符合事物的客观规律，具有强大的生命力和远大的发展前途。但是新生事物成长过程不会是一帆风顺的，它不可避免地要受到旧事物的抵抗，甚至会遭受暂时的挫折和失败。新生事物总是在同旧事物的斗争中为自己不断开辟前进道路。客观事物的发展要求人们对于新生事物的识别应具有敏锐的眼光，如《探春》所描述的那样，要在它刚刚萌芽时就能不失时机地发现它，并以极大的热情关照它，尽力扶植那些幼芽茁壮成长。

世界是个万古常青的过程

——读邱云霄《残花》

> 昨日看花花满枝,今朝烂漫点清池。
> 无情莫怨东风恨,作意开时是落时。

邱云霄(生卒年不详),字凌汉,崇安(今福建武夷山)人。明代诗人,官至柳城知县。著有《南行集》《东游集》。

《残花》是一首哲理与艺术高度融合的言理诗。诗的前两句紧扣主题,营造了一种凄清优美的哲理意境。"昨日看花花满枝,今朝烂漫点清池","花满枝"是描述繁花缀枝的景象,"烂漫点清池"描述的是鲜花凋谢、洒满清池的景象;"点"字是形容花瓣飘落池水的状态,前后两种景象是相反的,而两者之间又存在着固有的必然的联系。由前一种景象转换为后一种景象,只在一夜间。诗人对景色的描述传递出写这首诗的主旨不是为花谢而伤感,而是要探索花落这一现象背后的一种"神秘"的力量,这就是事物发生、发展和消亡的规律。

诗的三四两句,诗人直言其理,阐发对花谢的哲理思考。"无情莫怨东风恨,作意开时是落时",诗人认为,大自然运动有它自己的规律，有花开的时候，就有花落的时候。花开之时，就包含了花落的因素，花落的时候，就已包含了花开的因素。东风不是花落的内在因素。诗中"作意"两字巧妙地点明花开花落是大自然自己有意这样安排的。

邱云霄的这首小诗，从哲学原理上讲，体现了物质运动的规律性。辩证唯物论认为，整个世界（包括自然界和人类社会）是物质的统一体，物质是永恒运动的，物质的运动有它自己的规律性。马克思说："辩证法对现存事物的肯定理解中同时包含对现存事物否定的理解，即对现存事物的必然灭亡的理解，辩证法对每一种既成的形式都是从不断的运动中，因而也是从它的暂时性方面去理解。"（马克思《资本论》第一卷第二版跋）事物处在不断运动中，运动本身就已包含了矛盾。恩格斯在《反杜林论》中说："生物在每一瞬间是它自身，同时又是别的东西。所以，生命也是存在于物体和过程本身中的不断地自行产生并自行解决的矛盾；矛盾一停止，生命也就停止，死亡就到来。"（《马克思恩格斯选集》第三卷，人民出版社 1972 年版，第 160 页）

繁与简的艺术辩证法

——读李东阳《柯敬仲墨竹二绝》

莫将画竹论难易,刚到繁难简更难。
君看萧萧只数叶,满堂风雨不胜寒。

李东阳(1447～1516),字宾之,号西涯,祖籍湖广茶陵(今湖南茶陵)。明朝内阁首辅。这是一首题画诗,诗人对元代著名书画家柯九思所作《墨竹图》的评点,体现了繁与简、难与易、以"少许许胜多许许"的艺术创作辩证法。

首联中,诗人就墨竹图的创作技巧,提出自己的见解。他认为,画竹确有个繁简难易的问题,但这是不能轻易作结论的。由起步时的简画到繁时固然不易,但从繁进到高一层的再简约就更难了。诗人深谙文人画的精髓,柯氏画竹祖述文同(字与可),文与可画竹,崇简约,求神似。苏轼还曾著文专门论文与可画竹。此诗的首联议论是有的放矢的。这无疑为评价柯氏《墨竹图》作了铺垫。

诗的后两句,回到画面,写观画的感受。诗人用极其简练的笔墨,点出了柯氏画作中所体现的墨竹神韵。只有萧萧数叶,简约得很，却使人顿觉满堂风雨生发，阵阵寒气袭人。画墨竹数叶能产生如此强烈的艺术效果，可见柯氏画竹的功底之深。

中国画竹，其传承脉络是清晰的。柯九思画竹祖述文与可，文与可绘竹又是苏轼艺术主张的直接实践者。苏氏对文氏画竹有一段评价："与可画竹时，见竹不见人。岂独不见人，嗒然遗其身。其身与竹化，无穷出清新。庄周世无有，谁知此凝神。"这里说的"无穷出清新"是苏氏一贯的艺术主张。最后两句是指创造具有神韵的作品的艺术家应有物我一体的体验。柯九思画竹，是传承了文同的画艺。清代郑板桥画竹，通过艰苦实践和长期探索，丰富和发展了苏轼竹论，提出了有名的"竹论三变"的理论。他在一幅《墨竹图》上题曰："一节一节一节，一叶一叶一叶，浑然一片玲珑，苏轼文同郑燮。"这四句诗，清晰地说明了苏—文—郑写竹的传承关系；但郑氏笔下的竹石实现了由写韵到写精神的飞跃。

古朴辩证法的艺术体现

——读吴伟业《一舸》

> 霸越亡吴计已行，论功何物赏倾城？
> 西施亦有弓藏惧，不独鸱夷变姓名。

吴伟业（1609～1672），字骏公，号梅村，江苏太仓人。崇祯进士，明末清初著名诗人。此诗为《戏题仕女图》十一首中第三首，意思是越国使用卧薪尝胆和献美女西施于夫差的计谋，数年后灭吴。勾践霸业成，具倾城之貌的西施是有功的，在论功行赏的时候，她又能得到何种赏赐呢？其时的西施不是考虑受赏，而是担心成功后被越王杀害，而随改名换姓的范蠡乘一叶扁舟远行而去了。

这首诗集中体现了祸福相依、祸福相因的辩证法。祸与福是一对矛盾，在一定的条件下互相依存，又互相转化。范蠡是古朴辩证法大师，他很明白当时自己的处境，深知越王可与其共患难，不可与其共安乐，功成后想到的是避祸。而范蠡"弓藏惧"思想又不能不影响西施，她作为一个弱小女子，如留越，其最后的结局是难以预料的，是"弓藏惧"使范蠡和西施走向了共同的路。

这首诗还给人们一个重要的提示，那就是做任何事情都有个时点的选择。范蠡、西施离越选择的时间正是越国论功行赏、勾践陶醉胜利之时，早走不行，晚走更加危险。西施或许比范蠡面临的风险更大，她担心在论功行赏后被越王杀掉，不是没有道理的。范蠡和西施两人思想上都有准备，时点的正确选择为他们成功远行起了重要的，甚至是决定性的作用。

吴伟业的这首《一舸》诗，最大的特点是不渲染范蠡与西施的爱情，反倒是着墨两人共处的险恶环境，突出表现范蠡的政治智慧。西施其人其事未必是真的，但范蠡确有此人。这在中国古代史书中和中国哲学史上都有记载。他在中国哲学史上第一个提出"赢缩转化"的辩证法命题，他说"天道盈而不溢，盛而不骄，劳而不矜其功"（《国语·越语》）。他认为事物都是变化的，发展到顶点就会转化。他十分重视掌握时机，认为"时将有反，事将有间"，"时"是不可错过的。他的这些观点不仅用于政治、军事，而且也运用于立身处世，《一舸》诗中就闪现着这一思想之光。史载，越灭吴，大办庆功宴，朝廷上下一片欢庆气氛，唯独越王脸上少见喜悦之色，眼中偶有凶光射出，范蠡预感到自己到论功行赏时，也是大祸降临时，他果断择时，毅然离去。

留将根蒂在　岁岁有东风

——读翁格《暮春》

莫怨春归早，花余几点红。
留将根蒂在，岁岁有东风。

翁格，字去非，吴县（今江苏苏州）人。清代诗人。这是一首咏物诗，既咏物，又言理。写暮春花落，思来春花开，道出了事物的盛衰变化、新陈代谢的道理。

诗的一、二两句，紧扣主题，表明对春归的看法。大好春光匆匆离去，百花纷谢，败落的花瓣中只有残余的"几点红"，这暮春呈现出的惨淡景象往往会使人伤感叹嗟；而诗的作者却没有去抒发"伤春""惜春"的情怀，而是理性思考"春归"这一现象，意识到春来花儿开，春归花儿落，这是大自然的规律，劝告人们"莫怨春归早"。

诗的三、四两句，阐发"莫怨春归早"的依据。"留将根蒂在，岁岁有东风"，诗人认为春归花落是暂时现象，只要花的根蒂还在，待到来年东风吹来，仍会萌发新芽，百花盛开的春光又会展现在面前，而且根蒂在，年年都会有明媚的春光。

这首小诗蕴含了丰富的哲理。"留得根蒂在,岁岁有东风"两句,强调了花开、花落的联系,突出了根蒂的重要性,这一观点是客观的、辩证的。"唯物辩证法认为,外因是变化的条件,内因是变化的根据,外因通过内因而起作用"。(毛泽东《矛盾论》)花的"根茎在",孕育新芽的母体就在,这就具备了新花绽放的根据,即内因。诗中讲的"东风"是包括了含有适宜的温度和湿度的,常言道:东风化雨,东风送暖,"东风"是新花开放的必要条件,即外因,不管早些晚些,东风一来,母体内的新芽就会萌发生长,花蕾就会绽放。

　　从花开到花落,再从花落到花开,还反映了植物生长否定之否定的规律。在有机体的生长过程中,这种否定是有机体相互联系的重要环节。今年花开花落过去了,但只要把留下来的根蒂培育好,明年再出苗、拔节、开花,经过否定过的根蒂,花会成倍增加,也将比上年更加多姿多彩。这样,小诗讲的花开花落不是循环往返,年年依旧,而是一个新陈代谢、生生不息、盘旋向上的运动过程。

在一定条件下不利条件会引发好的结果

——读郑燮《题竹》

咬定青山不放松,立根原在破岩中。
千磨万击还坚劲,任尔东西南北风!

郑燮(1693～1765),字可柔,号板桥,江苏兴化人。清代著名书画家、文学家。家贫力学,为康熙秀才,雍正举人,乾隆进士。先后任山东范县、潍县等地知县。有《郑板桥集》。

这首《题竹》诗是郑板桥诗作中流传最广的一首,历来读者都将这首诗看作是作者独立人格的体现。

从哲学的角度解读,《题竹》一诗极具启发性教育意义。郑板桥笔下的竹,不是园林湿地之竹,而是山中岩石之竹,是在恶劣环境中奋斗成长的。它们异乎寻常地咬住青山,把根须扎到岩石的缝隙间,汲取生命必需的水分和养分;要挺立悬崖与暴风搏斗,更要经受破石千磨万击;炎夏酷暑要抗击干旱,深秋寒冬要傲霜斗雪……岩竹正是因为经历了种种考验,才磨炼得越来越坚韧,才增强了抵抗更大风险的能力,这就是古人讲的艰难困苦,玉汝于成。

辩证法认为，世界上一切事物都存在既互相排斥又互相依存的两个方面，艰难困苦也都有两方面性质。毛泽东在《关于正确处理人民内部矛盾的问题》中提出："我们必须学会全面地看问题，不但要看到事物的正面，也要看到事物的反面。在一定的条件下，坏的东西可以引出好的结果，好的东西也可以引出坏的结果。"人的一生都不是一帆风顺的，总会遇到种种困难，甚至遭受挫折和失败，正确的态度和做法就是学习岩竹的精神，不畏艰险敢于在逆境中抗争，充分发挥主观能动性，自觉地在艰难困苦中磨炼自己的意志和毅力，增长自己的才干，在最困厄的境遇中认识自己，升华自己。奋斗中的人生，愈是艰苦卓绝，愈显出生命的光彩。

与郑板桥这首《题竹》诗其意相近、内含辩证哲理的，有唐代黄滔《寄同年李侍郎龟正》诗中的"莫道秋霜不滋物，菊花还借后时黄"；白居易《有木诗》中的"寄言立身者，勿学柔弱苗"；宋代辛弃疾《鹧鸪天·代人赋》词中的"城中桃李愁风雨，春在溪头荠菜花"；明代于谦《题画菜》中的"食前方丈傥来物，大节还需咬菜根"；元代高明《琵琶记·旌表》中的"不是一番寒彻骨，争得梅花扑鼻香"；清代秋瑾《梅》中的"冰姿不怕雪霜侵，羞傍琼楼傍古岑"；黄宗羲《书事》中的"莫恨西风多凛烈，黄花偏奈苦中看"等句。品鉴这些诗句，都能给我们有益的启示。

《题画竹》蕴含丰富的艺术辩证法

——读郑板桥《题画竹》

四十年来画竹枝,日间挥写夜间思。
冗繁削尽留清瘦,画到生时是熟时。

郑板桥绘画,一生专攻兰竹。这首题画诗概括总结了自己画竹的经历和经验。其诗虽仅有四句,但内中蕴含了丰富的艺术辩证法。

"四十年来画竹枝,日间挥写夜间思",这是诗人以四十年画竹的经验,说明艺术创作是要经历一个精心构思、反复实践、艰苦磨炼的过程。出生于竹乡的郑板桥,一生与竹相伴,酷爱画竹,前后经历了苦练基本功,极工后转向写意,由写意进到写精神,最难写的是精神。"一枝一叶总关情""千磨万击还坚劲""扫云除雾真吾事""挺然相斗一千场""而今老去心知意,只向精神淡处求"……为了能写出竹子所具有的坚毅、顽强的斗争精神,诗人的创作可谓到了废寝忘食、苦心经营、呕心沥血的地步。

诗中"冗繁削尽留清瘦"句,讲艺术创作简与繁的关系。

诗人一贯主张，画竹要删繁就简，"以少许许胜多许许"。他在一幅《墨竹图》上题诗强调，"一两三支竹竿，四五六片竹叶；自然淡淡疏疏，何必重重叠叠？"他在自题《竹》轴上，对简与繁关系做了完整的表达："始余画竹，能少而不能多；既能多矣，又不能少，此层功力，更为难也。近六十外，始知减枝减叶之法。"诗人毕生追求的就是以最简练的笔墨表现出最丰富的艺术意境和深邃的内涵。以画竹言之，就要把竹的优秀品格和不屈的精神体现出来。"画到生时是熟时"，是讲艺术创作生与熟的关系。自出己意，自创新境，是诗人四十年画竹所信守的创作原则。诗中的"生"，其意是熟中求"生"，熟中求变，熟中求新，这也是生与熟在艺术更高层面上的对立统一。熟中求"生"是艺术提升到新境地，也是创作进入最艰难的阶段。这时只有新的突破，才能走向艺术的巅峰，否则就会在"熟"中变板、变腐，从而失去艺术生命力。

这首《题画竹》，是诗人对自己从事艺术创作四十年经验的高度概括。他以自己的亲身体验说明艺术创作要经历简—繁—简，生—熟—生这样一个艺术辩证发展的过程。《郑板桥评传》一书中说："郑板桥艺术创作成功的奥秘正是在学习中实践中不断发现、丰富前人以及自己的艺术创作中的辩证规律，指导自己的实践。"（王同书《郑板桥评传》，南京大学出版社2011年版，第333页）这一评论对了解郑板桥的艺术创作对于中国艺术发展的意义是很有帮助的。

水乡种植的辩证法

——读阮元《吴兴杂诗》

交流四水抱城斜,散作千溪遍万家。
深处种菱浅种稻,不深不浅种荷花。

阮元(1764~1849),字伯元,江苏仪征人。清经学家、训诂学家、金石学家。做过浙江巡抚,对江浙一带地貌、农作物颇为熟悉。他写的这首《吴兴杂诗》既描绘了江南秀美的田园风光,又体现了江南水乡种植的辩证法。

诗的前两句是写吴兴的特殊地理风貌和丰富的天然水资源。"交流四水抱城斜,散作千溪遍万家",吴兴地处"四水"交流处,四处河水绕城流动,其干流又散作千万条溪流遍布城郊千家万户,浸润着万顷良田。后两句是写当地百姓依据水资源丰富的条件安排农作物的种植。"深处种菱浅种稻,不深不浅种荷花",这里讲的三种作物都离不开水这一条件,但对水的需求又各不同。吴兴之地河有干流有支流,水有深有浅。人们根据作物需求巧作安排,在水深处种植菱角,在水浅处种植稻子,在不深不浅的地方种荷花。

这首小诗告诉人们一个道理：做任何事情都要从实际出发，因地制宜，因时制宜，按客观规律办事。从哲学原理上讲，世界上一切事物都是相互联系、相互制约的，每一事物和现象的存在都是有条件的，一定的事物只有在一定的条件下才能产生，在一定的条件下得到发展，在一定的条件下趋于灭亡。一切都依时间、地点、条件为转移。条件是十分重要的，人们想问题、做事情都要充分估计条件的作用。只有从现有的条件出发，遵循事物的客观规律，才能发挥主观能动性，充分利用有利的条件，改变不利条件，达到预期的目的。这首《吴兴杂诗》讲的江南人民就是在长期实践中，摸清了水乡种植的规律，在什么时候、在什么地点、种植什么作物是可行的，是合理的，从而做出相应的安排，使种植的各种作物都能得到适宜生长的条件而获得好收成。

书法辩证法一例

——读铁保《草书歌》（节录）

烘炉火激迸列缺，晶盘冰滑流珠芒。
苍鹰盘云缩爪甲，奇石攫壁春硠硠。
阴阳姤接作向背，子母孕化交纵横。
枯槎百围卧瀚海，女萝千丈萦扶桑。
忽然墨冷笔华涩，陡接渤澥波澜狂。

铁保（1752～1824），字冶亭，满洲正黄旗人。清代著名诗人、书法家。少时随父在甘肃、陕西生活，二十一岁入仕，辗转京城、江苏、山东、浙江、江西等多地为官，晚年被贬谪至西域和吉林两地。一生阅历丰富。

这首《草书歌》写的是铁保对自己创作草书的体会。本文节选十句（全文附后），其中充满了丰富的书法辩证法。

"烘炉火激迸列缺，晶盘冰滑流珠芒。苍鹰盘云缩爪甲，奇石攫壁春硠硠"，这四句是诗人选取自然界的景物以体现书法创作的笔法、笔意，以及字的质感、分量和力度。有的如激火闪电般有力，有的如冰晶流珠放射出异光，有的如苍鹰缩爪蓄力飞行状，有的如奇石相击发出的美妙乐声。

"阴阳姤接作向背，子母孕化交纵横"，这两句是说明诗人在书法创作上是依循了阴阳辩证法则的。笔画有相向者，有相背者，都各具体势，并呈现出母子携手、纵横变化的意境。翻开中国书法史，可见古代书法家大都注重"从天地阴阳、自然中去取法，去感悟，去寻觅意象、韵律与形式"，（参见陶明君著《中国书论词典》，湖南美术出版社2001年版，第39页）铁保书法风格的形成也不例外。

"枯槎百围卧瀚海，女萝千丈萦扶桑"，"枯槎"句描述的是燥笔（或干笔）行进时呈现的茫茫大漠苍凉不见边际的意境，"女萝"句描述的是润笔（或湿笔）行进时呈现的原始森林所具有的藤萝缠绕、苍茫幽深的意境。干燥与湿润是对立统一的，古来书者所追求的是以燥取险，以润取妍。书论者多是主张书写行草，贵燥润相杂，于浓重处见燥笔，于润泽处见枯笔。燥笔显示苍劲而有筋骨，具阳刚之美；润笔显示润而有肉，具阴柔之姿。

"忽然墨冷笔华涩，陡接渤澥波澜狂"，这两句是描写笔势的转换。前句从"忽然墨冷"引出涩势运笔。涩势又称"紧题驶战行法"，本就是一种凝重雄浑的艺术意境。刘熙载《艺概·书概》中是这样描述的："唯笔方欲行，如有物以拒之，竭力而与之争，斯不期涩而自涩矣。""陡接"句描述笔的运行由涩势转换为疾势，诗人尽情挥洒，如同渤海波涌浪翻。疾势和涩势是对立统一的。在书法实践中如何把握和驾驭好疾、涩运笔，历来为书家所重视。

铁保这十句诗写自己创作草书，遵循"从造化之奇变，滋文章之波澜"的原则，全部运用自然界景物为喻，尤其是"枯槎百围卧瀚海，女萝千丈萦扶桑"两句，诗人以创造优美的戈壁和远古森林意境来描述书法线条运动，这是书者运笔受到客观事物的启示，在书法线条的运动中体现出客观事物的变化形势，很是耐人寻味。从自然事物和生活中悟笔法，这在古人那里是不乏其例的，诸如"惊蛇入草""高山堕石""观公孙大娘剑舞""担夫同公主争道"等等。但像铁保选取自然界景物作素材创造意境来描述书法线条运动，确是别开新径。沈鹏先生曾说："有人运用客观事物里面的一些现象，自然界、人类社会的现象来解释书法的变化和现象，有它的合理性的一面，真理的一面。有人把书法美说成'客观现实的反映'，我觉得不应当简单地否定这样的观点。"（《沈鹏谈书法》，人民美术出版社2015年版，第64页）近年来，一些学者开始从美学角度探讨书法表现形式与书法内涵、书法家与其书法作品、主体与客体的关系。清代铁保书法实践体会，对这一课题的讨论或许有可借鉴的地方。

附：

草书歌

铁保

苍颉不识篆，虫鸟开天荒。
史籀不识楷，古法遗钟王。
圣人作书祖造物，天地不得留微茫。
草书有名理，盛自汉与唐。
杜度垺崔瑗，狂素阶颠张。
心法授受纵奇变，牢笼百态惊愚盲。
譬如彼苍铸万类，物具一体无相妨。
飞潜动植各有势，短长肥瘦谁能量。
又如将军坐帷幄，运筹百万网在纲。
韩信兵多多益善，指挥方位争趋跄。
方其执笔时，意静神飞扬。
洪炉火激迸列缺，晶盘冰滑流珠芒。
苍鹰盘云缩爪甲，奇石攫壁春硠硠。
阴阳姤接作向背，子母孕化交纵横。
枯槎百围卧瀚海，女萝千丈萦扶桑。
忽然墨冷笔华涩，陡接渤獬波澜狂。

书成不快意，大叫周回廊。

举头天尺五，云物相低昂。

欲碾太山为研石，欲抉东海为墨庄。

凌铄大块写生态，睥睨云汉摹天章。

二十八宿走且僵，帝女大笑挥霞觞。

丈夫师古但师意，安能描头画脚忍与朽骨争嬉嫱。

我歌草书歌未央，飘风骤雨来虚堂。

依稀不晓神灵意，莫向蛟龙攫处藏。

"寒尽春生"预示社会大变革的到来

——读张维屏《新雷》

造物无言却有情,每于寒尽觉春生。
千红万紫安排着,只待新雷第一声。

张维屏(1780～1859),字子树,广东番禺人。官至南康知府。曾与林则徐、龚自珍等清末著名诗人、思想家共同创办"宣南诗社"。有《松心诗集》传世。

《新雷》一诗,作于清道光四年(1824)早春。大意是:大自然虽不言语,却是有感情、有知觉的,每当严冬的寒气即将退去,顿觉春意开始萌生。万紫千红的花儿都已悄悄安排就绪,只要待到东风吹来,春雷响起,就会竞相开放,大地便是一片春光。

寒尽春生,季节更替,这是大自然运行的法则。诗人运用拟人化的艺术手法,使有了感情的"造物主"自己说出"觉春生""安排着",这不仅增强了诗性的表现力,又体现了言理的客观性,使读者联想到大自然是按照自身的辩证规律运行着,是不以人的意志为转移的。

"千红万紫安排着，只待新雷第一声"，这两句诗体现了事物发展变化的内因和外因这一辩证关系。"千红万紫安排着"说明事物具备了发展变化的内在根据，即内因。内在根据具备了，还需适宜的外部条件，即外因——"新雷一声"。"新雷"前的"只待"两字进一步说明，事物发展变化的外部条件在这时起着至关重要的作用。

诗人写这首小诗的本意，是借描述自然现象的变化，表达对晚清腐朽黑暗现状变革的愿望。"寒尽春生""新雷第一声"，是诗人对变革的呼唤和期待，"万紫千红"是诗人对即将来临的变革前景的憧憬。

附录一
刘禹锡民歌体研究资料摘录

"巴山楚水凄凉地，二十三年弃置身"，从唐元和元年到宝历二年，刘禹锡在政治上遭受挫折，两度被贬谪远州。先后在朗州（今湖南常德）、连州、夔州（今重庆奉节）、和州（今安徽和县）和苏州等地辗转二十三年。在此期间，他深入民间，向民歌学习，从民歌中汲取养分，创作出别具一格的独特诗体，开辟出一条文人诗与民歌体相结合的新路子。

刘禹锡民歌体诗一个鲜明特点是反映农民劳动场景。这方面的诗有《采菱曲》《插田歌》《畲田行》《竹枝词（其九）》等。肖瑞峰在《刘禹锡研究》中说：像《畲田行》这样"全方位、多层次、立体化的观照并描绘农耕场面，在古代农事诗中是不多见的"。（肖瑞峰《刘禹锡研究》，浙江大学出版社2016年版，第260页）

歌咏地方的风土习俗和人情世态，刘禹锡在这一领域开创了先河。这有《竞渡曲》《堤上行三首》《阳山庙观赛神》《洞庭秋月行》《淮阴行五首（其一）》《踏潮歌》《抛球乐词二首》《竹枝词九首（其一）》《纥那曲二首》等。刘禹锡深入了解并记录少数民族的生活和习俗，他写下的《莫徭歌》《连州腊日观莫徭猎西山》等，近距离摄录莫徭人民的勤劳、勇敢、朴实的形象。"一个封建社会的官吏和知识分子，这样去接触和描写少数民族，在历史上是少见的。"（参见芦荻、朱帆著《刘禹锡及其作品》，时代文艺出版社1985年版，第57页）

　　刘禹锡民歌体中有很大部分篇章描写青年纯朴、真挚的爱情。这如《竹枝词二首》（其一）、《竹枝词九首》（其二）和（其四）、《浪淘沙九首》（其二）、《踏歌词四首》、《萧湘神二首》、《淮阴行五首》（其三）和（其四）等。传诵最广的是《竹枝词二首》中的第一首，体现纯朴真挚爱情的是《淮阳行五首》的第三首。这些诗既反映了人民对美好的爱情的企盼和困惑，也反映了女子对无情郎的怨恨。在诗人的笔下，无论是爱还是恨，都是女子真情的流露，她们的心灵是纯洁无瑕的，是美丽的。

　　如果说民歌体诗是刘诗的精华部分，那么《竹枝词》、《浪淘沙》词和《杨柳枝词》则是刘禹锡民歌体诗的代表作。这些诗既具有意境美，更具哲理美。《浪淘沙》九首不是创作于一时一地，而是遍及黄河、长江流经的广大区域，诗中点明的景点就涉及黄河、洛水、潇水、湘水、汴水、清淮、鹦鹉洲、濯锦江、钱塘江等。诗人意在说明，民歌体是受着这古老土地的滋养而创作出来的。他似乎要把自己经历的、看到的、想到的都浓缩在一个胶卷里，让人们知道大浪淘沙，永无停息，只有经历过大浪淘沙、经受得住大浪淘金辛苦的，才会有所成就。

刘禹锡的民歌体诗是富于音乐美的。《刘禹锡及其作品》一书中说:"唐代能歌唱的绝句,一般都是根据曲调的音节来创作的,为了符合歌唱的韵律,有时要改变固定的节奏。所以刘禹锡这些民歌体诗有时看来是平仄不调的。……但由于他是根据民歌的声调来谱写的,所以上下句一气读来,但觉节奏自然,丝毫不觉拗口,仿佛具有一种天然的音乐美。他在民歌的音乐性的运用上,已经达到了炉火纯青的境界。"(芦荻、朱帆著《刘禹锡及其作品》,时代文艺出版社1985年版,第79页)卞孝萱在《刘禹锡集》前言中说,刘禹锡努力创作能"度曲"的新词,"他所作的《竹枝词》流传至今的两组共十一首,从音乐美的要求来看,每首的前两句主要吸取了七绝声律谐婉的特点,后两句又保持了民间传唱的《竹枝词》在曲调上凄凉怨慕的特点,兼有两者之长"。他还说"刘禹锡还写有《和乐天春词依忆江南曲拍为句》两首,明言是按照《忆江南》的曲调来填词。这是我国文学史上开始出现依曲填词的记录"。

《潇湘神二首》就带有早期词曲的特点,是刘禹锡创新词的范例。这两首词形同绝句,但已开始变化。句式上开始由整齐划一的绝句向长短句演变,其曲调凄凉怨慕,婉转复沓,具有鲜明的湘中地域色彩和民歌情调,曲中沉淀了数千年中华文化的元素,如词的第二首:

潇湘神二首

其一

湘水流,湘水流,九疑云雾至今愁。
君问二妃何处所?零陵香草露中秋。

其二

斑竹枝,斑竹枝,泪痕点点寄相思。
楚客欲听瑶瑟怨,潇湘深夜月明时。

附录二

从苏轼智慧小诗谈起

苏轼是中国文学史上的一位大文豪，人们多熟悉并吟咏像《赤壁怀古》那些气势磅礴、豪情奔放的诗词，而对他写的许多智慧小诗知之不多。苏轼睿智、善学、阅历丰富。大半生在地方任职，接触基层，接触实践，写下了不少蕴含辩证法的智慧小诗，涉及园林设计、水利工程、农具革新、乡村规划以及煮茶、制酒等诸多方面。

读者或许要问，苏轼是个文人，怎么能有园林设计、水利工程建设的智慧？"智慧"一词到底如何界定？智慧和知识、才智是什么关系？近些年"智能"一词更是高频率出现在各种场合、各种媒体，这个问题还真不是三两句能说清楚的。但归根结底，离不开千千万万劳动人民的实践。

马克思主义哲学家陈先达在他著的《哲学和人生》中，用了一章的篇幅阐述哲学智慧。他认为，智慧不等于天分，不等于智商；智慧不同于知识，但智慧和知识又是不能分离的。一个没有书本知识又没有实践知识的人是不可能有智慧的。智慧是一种洞悉问题的能力，它是人类知识和个人实践经验的完美结合和升华。有智慧比有知识具有更高的判断力。他还说，智慧不仅包括书本知识，而且包括情感和意志。陈先达在论述中举了许多生动的事例，其见解有独到之处。

说起来，智慧就在现实生活中，只要稍加留意，就会发现，事事处处都闪烁着智慧的火花。

龙芯 CPU 的构建就是一例。富有远见的龙芯 CPU 首席科学家胡威武和他的团队，继承和发扬钱学森、华罗庚、夏培肃等老一代科学家爱国奉献、严谨求实的崇高精神，坚持走自主研发的路子，以难以想象的毅力在更新迭代过程中，完全重构龙芯的核心架构，实现了自主掌握的知识产权的"中国芯"。在实现重构过程中，他们善于运用毛主席的《实践论》《矛盾论》和《论持久战》中的哲学思想，集中力量抓关键，抓主要矛盾，全力抓对信息化体系的核心——CPU 及操作系统的攻关。建立龙芯"根据地"，以"芯芯"之火燎原。龙芯在创业的二十年里，遇到了各方面压力，CPU 刚有起色，多家外企表示与 CPU 谈技术合作，其意是要龙芯放弃自主研发，都被 CPU 拒绝。胡威武说：我比谁都明白，芯片虽身材小，但它是信息产业的心脏。像 CPU 这类核心技术，不可能买来，如果没有自主开发的实践，永远不可能形成可持续的创新能力，将永远受制于人。他还说：IT 产业本质上是解决方案为主的产业。龙芯长期坚持芯片中的核心技术自己掌握，是因为我们使用别人的技术吃过亏。我们只有自己掌握核心技术，才有整个产业的主动权和主导权，我们的目标是构建自己的生态体系。这像爬山,你的眼睛盯着最高峰,有些时候走回头路、弯路或下坡,但你在盘旋崎岖向上的路上走一辈子,你总会比别人高。他的许多演讲谈话里充满了辩证法,体现出过人的智慧和中国科学家的骨气。

当年张瑞敏砸冰箱更是人们熟悉的。1985年冬,青岛电冰箱发生质量问题,在库存的冰箱中查出七十六台冰箱外观存在不同程度的划伤。征求处理意见,一是全面彻查原因,二是将不合格冰箱作为福利便宜点儿卖给内部职工,那时可是做冰箱的自己用不上冰箱,小厂又是负债经营。在当时这样做,既合常情,又合质量第一的常理。但作为厂里一把手的张瑞敏执意说服职工,将七十六台不合格冰箱全部砸掉。12月份的一天,厂里召开全员参加的现场会,他带头抡起了第一锤,这一锤砸下去,迸发出的是智慧的火花。海尔冰箱也由此出海远航。记得那时的张厂长对笔者说过,海尔名取其谐音"孩儿"。孩儿降生,就要把它保护好,使其健康成长,它的身上容不得瑕疵。

对外经贸合作,我们讲互利共赢,做生意嘛,公平交易,这是常识,好理解,而实现共赢,那就需要双方的智慧了。二十年前,我方与以色列艾森伯格商谈日照电厂项目,艾森伯格同意为该项目融资,双方具体协商项目草案时,对方代拟了一份我方政府"支持函"英译本,含有担保意。我方提出修改,对方不愿修改,双方谈判卡壳。二十分钟后,有一位名叫林达的女士提出一个解决办法,双方拟的中英文本可不作修改,在正式交换文本时，由艾森贝格在中文本上写明以中文本为准。室内气氛立即活跃起来，那位女士的提议就体现了一种智慧。此后，项目进展顺利，人民日报还专为这一合作发表评论，称此项目是中外合作的一个范例。

　　智慧，不一定都是做那些惊天动地的事。有大智慧，也有小智慧。有时候中小学生做的事也会有智慧火花闪现。

　　笔者一位老友，过七十八岁生日。他的孙子和外孙同龄，都是十周岁，席间两个小家伙一起向长辈敬酒，小孙子一本正经地说："祝爷爷身体健康，寿比南山。"老友很是满意。小外孙接着说："祝姥爷天天快乐，健康成长。"老友悟出了"成长"的含义，乐得一下子把到口的酒喷了出来。不得不说这个孩子换角度用"健康成长"是一种智慧。

　　邻居张老的女儿在一所学校教书，她给笔者讲了一个感人的故事。张老师是班主任，她班上有一个女孩子，家境困难，全家五口，全靠爸爸在市里打工养活。爷爷几年前因车祸失去自理能力。就是这样一个家庭，仍坚持供女儿上学。因为他们知道孩子上学就有希望，家庭摆脱穷困才有出路。张老师说，在毕业班会上，同学们踊跃交换毕业留言。那个女孩默默地坐在那里，情绪很是低落，因她的成绩很不理想。毕业班会二十天后，张老师找了几个同学，并约请市里艺术学校的一位教师一起去那个女孩子家，给她过生日。张老师对她班上的孩子生日都记得很清楚。那天她寻机招呼那位女孩唱歌、跳舞、朗诵诗词，约请同去的艺校老师听过两首歌后，主动提出要求，请女孩按他指定的小节目表演，节目还未演完，两位老师不约而同地同时起身征求女孩意见，愿不愿到艺校攻读。女孩愉快地作了肯定的回答，因为这是她的优长，也是她的愿望。这件事使我很受感动，我以开玩笑口吻问张老师："那位艺校教师收学员，这是不是你事先安排和导演的？"她很认真地说："不说全校，就我们班来说，这个女孩在音乐方面确有优势，全班同学都称赞她。至于约请那位艺校老师，主要还是借过生日机会和孩子们一起用欢乐的气氛减轻孩子负面情绪。孩子有音乐优长，又遇上艺术老师，本来就能激发孩子的表演欲望。临场发挥得好，老师求才心切，才出现这戏剧性一幕。从头至尾，我对那位艺术老师未谈过孩子的音乐特长，我只简单介绍了孩子的家庭情况。"张老师谈的是平常智慧，实际上是一种教育智慧！

附录三

从画兰画竹到创新板桥体

作为东方的一种独特艺术——中国书法，到清代已渐渐失去生机和活力，开始被以实用为主旨的官颁馆阁体所替代，尤其到清中期，书法艺术几近硬化的程度。郑板桥以其无畏的精神和深厚坚实的艺术功力，冲破馆阁体的束缚，自树旗帜，创立六分半书，世称板桥体。郑板桥虽无系统书法论著，但他的书法实践经验，却折射出丰富的辩证法。含有辩证法，书法就具生命力。

一、板桥体创作过程中的辩证法。

这表现在继承和创新、有法和无法、入帖和出帖、内功和外功、弃与取、生与熟的对立统一。郑板桥自述：

蝇头小楷太匀停，长恐工书损性灵。

平生爱学高司寇且园先生书法，而且园实出于坡公，故坡公为吾远祖也。坡书肥厚短悍，不得其秀，恐至于蠢，故又学山谷书，飘飘有欹侧之势，风乎？云乎？玉条瘦乎？元章多草书，神出鬼没，不知何处起何处落，其颠放殆天授，非人力不能学、不敢学。东坡以谓超妙入神，岂不信然！……

字学汉魏，崔、蔡、钟繇；古碑断碣，刻意搜求。

诗曰：十分学七要抛三，各有灵苗各自探。不泥古法，不执己见，惟在活而已矣！黄山谷云："世人只学兰亭面，欲换凡骨无金丹。"可知骨不可凡，面不足学也。况兰亭之面，失之已久乎！板桥道人以中郎之体，运太傅之笔，为右军之书，而实出以己意，并无所谓蔡、钟、王者，岂复有《兰亭》面貌乎！古人书法入神超妙，而石刻、木刻，千翻万变，遗意荡然。而复依样葫芦，才子俱归恶道。故作此破格书以警来学。

板桥既无涪翁（黄庭坚）之劲拔，又鄙松雪（赵孟頫）之滑熟，徒矜奇异，创为真隶相参之法，而杂以行楷。必极工后能意，非不工而遂能写意也。

（自述引文据《板桥集》，上海古籍出版社1979年版，下同）

郑板桥从工小楷到转向学诸体之长，进而到开新径、创新体，用时数十年，历经多次否定、肯定，肯定、否定的艰苦创作过程，实现质的飞跃，终成板桥体。

二、板桥体章法布局中的辩证法。

这主要表现在浓淡疏密、虚实动静、纵横穿插、刚柔疾涩、方圆正斜、大小肥瘦的对立统一。整体布局呈现从变化中求统一，从参差中求齐整，从险绝中求平稳的特点。郑板桥自述：

琢出云雷成古器，辟开蒙翳见通衢。

浓淡疏密、短长肥瘦、随手写去，自尔成局，其神理具足也。

或疏或密，或浓或短，或长或短，或肥或瘦，随意缓急，便构成大局矣。

如岳朋举用兵，随方布阵，缘地结营，不必武侯八阵图矣。

吾曹笔阵凌云烟，扫空氛翳铺青天；

一行两行书数字，南箕北斗排星躔。

书法有行款，竹更要行款，书法有浓淡，竹更要浓淡，书法有疏密，竹更要疏密。

笔欲飞腾墨欲飘，乱头粗服见清豪。又似苎罗山下艳，不整齐处更风骚。

爱看古庙破苔痕，惯写荒崖乱树根，画到情神飘没处，更无真相有真魂。

有时滴墨娇且妍，晓花浮露春风鲜。

书法峭崛含阿那，笔锋下插九地裂，精气上与云霄摩。

世人形容板桥体：字画之间、字字之间、行行之间，参差错落，穿插有致，千变万化，大小瞬变，疏密倏转，颇似"乱石铺街"，又似"浪里插篙"，有着音乐般的节奏和韵律。

板桥体具有鲜明的个性。它既是郑板桥狂放不羁、刚正不阿、倔犟不屈性格的体现，更是他强烈追求个性解放的流露。

郑板桥对待书法的创作是十分严谨的。他在题写"四十年来画竹枝"一诗时，也正是板桥体面世时。当时就引起世人的惊叹。清代著名诗人、戏曲家蒋士铨写诗称赞，其诗曰："板桥作字如写兰，波磔奇古形翩翻。板桥写兰如作字，秀叶疏花见姿致。下笔别自成一家，书画不愿常人夸。颓唐偃仰各有态，常人尽笑板桥怪。"这首诗是对郑板桥吸收众家书体之精华，"以画之关纽透入于书"而创立别具一格的新体书法的肯定。时过二百年，现代著名画家傅抱石为中华书局整理编印的《郑板桥集》所作《序》中说："板桥的书法自称'六分半书'，比较他的诗、画，是最值得好评的。《桐阴论画》把他的画仅仅位置在'能品'，而对他的书法则认为'一字一笔，兼众妙之长'。大体说来，他的字，是把真、草、隶、篆四种书体而以真隶为主的综合起来的一种新的书体，而且又用作画的方法去写。这不但在当时，是一种大胆的惊人的变化，就是几千年来，也从未见过像他这样自我创造形成一派的。"

世界万物皆流，任何事物都不是凝固的。书法的传承，书法线条的流动，贵在持续不断的创新，不创新就会僵化，就会干枯。中国书法源远流长，板桥体的产生，其意义就在于创新。

附录四

科学实验是科学理论的重要来源

重视科学实验，这是高科技时代的呼唤！

科学实验是科学理论、科学知识的来源，是人类认识自然规律探求真理的实践活动。没有科学实验，就不会有近现代自然科学的发展，一切科学假说的验证，一切自然科学理论的创立，都依赖科学的实验。毛泽东在其哲学著作《实践论》中，将科学实验与物质生产、阶级斗争一起列入三大社会实践，他以通俗易懂的语言告诉人们："你要有知识，你就得参加变革现实的实践。你要知道梨子的滋味，你就得变革梨子，亲口吃一吃。你要知道原子的组织同性质，你就得实行物理学和化学的实验，变革原子的情况。你要知道革命的理论和方法，你就得参加革命。"并明确提出："许多自然科学理论之所以被称为真理，不但在于自然科学家们创立这些学说的时候，而且在于为尔后的科学实验所证实的时候。"（《毛泽东选集》第一卷，人民出版社1991年版，第288、292页）写在八十年前的《实践论》，就已向人们阐明了科学实验在科学发展进程中的地位。近现代科学发展的实践已经并将继续证明，一切重大科技的发现、发展都是离不开科学实验的。

为世界青少年所熟知的居里夫人，她的名字总是和居里实验室紧密联系着。她在巴黎大学获得物理和数学两个硕士学位后，即投入了科学实验。她以过人的胆识，选择了前沿课题——关于铀盐射线的研究。她在一间破旧棚子里，将几十吨铀沥青矿废渣进行无数次溶解、分离，历经四年提炼出金属镭。镭的发现从根本上否定了原子不可分的旧理论，为原子物理学和放射性医学发展奠定了基础，其哲学意义也是不可低估的。自然科学方面的最新发现总是不断地证实和充实着马克思主义哲学原理。铀和镭的原子放射性分裂的出现，引起了对于物质构造及其特性观点方面的巨大变革。列宁说："原子的可分割性和不可穷竭性，以及物质的一切形态的可变性，永远是辩证唯物主义的依据。"（列宁《唯物主义与经验批判主义》，人民出版社1955年版，第252页）随着高科技的发展，毛泽东丰富和发展了列宁这一电子不可穷尽的思想。

进入二十世纪五十年代，随着高科技发展，科学实验技术的更新，新粒子不断被发现，毛泽东对高能物理学给予高度关注，他把矛盾学说，即对立统一规律用于指导粒子研究，不断对科学实验新成果作出科学概括和总结，进一步深化、丰富和发展了列宁关于电子和原子不可穷尽的思想。1955年1月在讨论原子能事业问题会议上，毛泽东从哲学的高度明确提出粒子可分的问题，他说："以哲学的观点来说，物质是无限可分的。质子、中子、电子也应该是可分的。一分为二、对立统一嘛！

现在实验室里还没有做出来，将来，会证明它们是可分的。"（参见孙宝义等编著《听毛泽东谈哲学》，人民出版社2012年版，第161页）此后，毛泽东多次在会议上，在文章中，在与外国科学家座谈时讲这个问题。直到晚年，他还与身边保健医生徐涛谈建立物理和化学试验室，亲自做试验，查看深层分子结构。可见他对建设科技强国的愿望何等强烈！他提出的基本粒子可分的思想，在他生前身后陆续为科学实验所证实，对于中国乃至世界粒子物理的研究意义深远。如当代著名科学家、思想家钱学森所说："毛主席对物质无限可分性的问题，从唯物辩证法的高度，做了非常精辟的论述，毛主席光辉地预见了二十年后高能物理学的发展。"（参见1976年9月16日《人民日报》）钱老这话说得真挚、严谨、科学。

当前，世界正面临一轮新的产业革命。高科技的迅猛发展总是不断地提出一些新的科研课题，需要我们主动应对，不主动就被动，就落后。就教育来说，在新形势下如何坚持教育与生产劳动相结合，教育与科研相结合？如何增强科学创新思维和科学实验能力？等等，都是值得我们思考的。"钱学森之问"，也是很值得人们深思的。三十多年，我国培养的博士人数已百万计，多数是名副其实的，但水分也不小。居里夫人是在她提炼放射性物质镭成功后，才正式通过博士答辩的。此例或许不可比，但在博士论文的提交和参与答辩专家的评审上，居里夫人那种严谨的科学精神是值得我们学习的。不具备严谨科学精神的人，是不适宜做科研工作的。

"纸上得来终觉浅，绝知此事要躬行"，阅读科学理论、收集整理科学信息，固然是重要的，也是必须的，但科学实验更重要，愈是研究前沿科学，愈显重要。

附录五

人民英雄　永垂不朽
——纪念刘胡兰烈士就义十五周年

灯下我怀着激动的心情，翻阅着烈士传，刘胡兰就义的场面出现在我的眼前：

阴云密布，雪地冰封，铡刀上鲜血淋淋，铡刀旁十五岁的女共产党员刘胡兰，昂首挺胸，怒视着刽子手……

"满天风雨满天愁，革命何须怕断头。"（杨超烈士《就义诗》）在历史上，我们的革命事业，曾遭受过多少次挫折和失败，有多少像刘胡兰一样的革命先烈，为党、为阶级、为民族，抛头颅、洒鲜血，视死如归。他们对共产主义的必胜信心，是敌人的屠刀吓不倒、杀不绝、征服不了的。我们的革命前辈就是以这种不畏强敌，不怕艰苦，英勇果断，坚韧不拔的革命精神，前仆后继地推动着革命事业不断向前发展。他们的生命、他们的青春，在历史的长河中，永远放射着灿烂的光辉。

谈到生命和青春，不由地想起了奥斯特洛夫斯基的那段话："人最宝贵的东西是生命。生命属于我们只有一次。一个人的一生是应当这样度过：当他回首往事的时候，不因虚度年华而悔恨，不因碌碌无为而羞耻——这样，在临死的时候，他就能够说：我整个的生命和全部的精力，都已献给世界上最壮丽的事业——为人类的解放而斗争。"如果一个人有共产主义的理想，有为无产阶级革命事业而奋斗的雄心大志，那么他将永远是一个乐观的、无畏的战士，他的生活才有意义，他的青春才会放出光彩。

刘胡兰烈士牺牲已经十五周年了。缅怀先烈，我们一定要学习她的英雄事迹，继承革命前辈们那种勇往直前，坚定乐观的创业精神，做社会主义建设时期迎难而上的尖兵，立志把自己的一切力量和才智，献给无产阶级革命事业。

伟大的人民英雄刘胡兰，将永远活在人民的心中。她刚满十五周岁！

（此文作于1962年，刊登在《昌潍大众》）

后　记

　　这本小册子即将刊印。衰病之年，伏案劳作，寒往暑来，甘苦自知。

　　无论在哲学方面，还是在诗词方面，我掌握的知识太少，写这个小册子超出了我的能力。我在大学学的是对外贸易，毕业后从事的工作是对外经济贸易。工作之余，读点文学、哲学方面的书，是我唯一的兴趣爱好。这方面知识的获取，主要还是得益于我的母校胶南一中的万以咸、胡文炳等老师的教诲和培养。小册子出版之际，我对已逝的老师深切怀念。

　　实话实说，我参加对外经贸工作，遇上国家刚开放，自己干的活实在太累了，很难静下来读哲学。临近退休，多年累积的疾病陆续爆发。漫长的身体恢复期，倒使自己多了些读书的时间。记得 2016 年初春，大众日报社的许衍刚社长前来看望，那时我已在家乡胶南市居住。交谈中，他建议我整理读古诗词和辩证法的零散笔记，集个小册子，以此充实晚年生活。哪料到这次不经意的二十几分钟交谈，竟使我走上了高龄写作之路。尽管时断时续，最终还是坚持下来。我毕竟在机床厂当过 4 年车工，干粗活，切削齿轮，效率还是高的。

　　二十世纪八十年代以来，有关古代哲理诗的论述、书籍陆续出版，诸如世界著名科学家钱学森的《我看文艺学》、徐应佩主编的《历代哲理诗鉴赏词典》、游光中和黄代燮注译的《中国古代哲理诗译注》等。这些书的出版对我的研究、写作很有帮助，文中多有引用。顺便说明，在小册子中如果采用了某位著作者的见解而漏掉注明出处，乞请谅解并致歉意。

小册子附录，前面四篇是从零散的读书笔记中整理出来的，第五篇《纪念刘胡兰烈士就义十五周年》，是我在胶南一中读书时写的一篇作文，曾刊登在《昌潍大众》副刊，我的老友曲恭民从潍坊市档案馆找出。今编入附录，保持原貌，不作改动。限于篇幅，后半部分只印篇末一段。

这本小册子的写作和出版，自始至终得到许衍刚社长、崔萌教授、老同事连佳军等亲友的关照和支持。由于他们不断鼓励，我才草拟成稿。许衍刚几次梳理、修改原稿，改正文中的差错，更给我心灵上的抚慰。中共山东省委党史研究院（省地方史志研究院）编纂专家李天程，对全书做了精心审校订正。还有远航源丰润公司《远航》总编厉麦，青岛国彩印刷有限公司李祥波，帮我安排打印、搜集资料。文中《从苏轼智慧小诗谈起》一文，即由厉麦帮助整理编写。出版社的领导和责任编辑对这本小册子的编辑出版提供了帮助，在此一并感谢。

徐　力

2020 年 12 月 25 日

记于青岛海之韵